UM
DEUS
MUITO
HUMANO

FREI BETTO

UM DEUS MUITO HUMANO

UM NOVO OLHAR SOBRE JESUS

Copyright © 2015 by Frei Betto

O selo Fontanar foi licenciado para a Editora Schwarcz S.A.

Grafia atualizada segundo o Acordo Ortográfico
da Língua Portuguesa de 1990, que entrou em vigor
no Brasil em 2009.

CAPA Claudia Espínola de Carvalho

PREPARAÇÃO Manoela Sawitzki

PREPARAÇÃO DE ORIGINAIS Maria Helena Guimarães Pereira

REVISÃO Renato Potenza Rodrigues e Cristina Terada Tamada

Dados Internacionais de Catalogação na Publicação (CIP)
(Câmara Brasileira do Livro, SP, Brasil)

Betto, Frei
    Um Deus muito humano: um novo olhar sobre Jesus /
Frei Betto. — 1ª ed. — São Paulo : Fontanar, 2015.

    Bibliografia.
    ISBN 978-85-390-0684-7

    1. Jesus Cristo 2. Jesus Cristo — Ensinamentos
3. Jesus Cristo — Exemplos 4. Jesus Cristo — Pessoa
e missão 5. Palavra de Deus I. Título.

15-03319	CDD-232.07

Índice para catálogo sistemático:
1. Jesus Cristo : Ensinamentos: Cristologia   232.07

[2015]
Todos os direitos desta edição reservados à
EDITORA SCHWARCZ S.A.
Rua Bandeira Paulista, 702, cj. 32
04532-002 — São Paulo — SP
Telefone: (11) 3707-3500
Fax: (11) 3707-3501
www.facebook.com/Fontanar.br

A Eunice Wolff

Sumário

Prólogo — Querido companheiro Jesus 9

Quem é Jesus? 15

A Palestina no tempo de Jesus 19

Um Deus muito humano 23

A estrela de Belém 25

O batismo de Jesus 27

Diferentes óticas sobre Jesus 29

O retrato de Jesus 33

Entre o Jesus histórico e o Jesus teológico 37

Jesus era um cínico? 43

Jesus, divino ou maluco? 45

Jesus e seu contexto 49

Jesus e a política 53

Jesus, ética e poder 59

Jesus e o amor ao próximo 65

Jesus e as mulheres... 69

Mateus, o evangelho da fé militante.............................. 73

Espiritualidade e moral em Jesus................................... 81

A mística de Jesus... 95

As tentações de Jesus.. 97

O processo de Jesus 99

O evangelho segundo Barrabás 103

Transfiguração... 107

Sinal de contradição 111

À mesa com Jesus 113

Última ceia 117

Bibliografia.. 121

Obras de Frei Betto... 125

PRÓLOGO
Querido companheiro Jesus

Trago em mim o teu estigma e o teu enigma. Talvez minha vida fosse mais simples sem esse fascínio pela divindade que impregnaste sob minha pele, em minhas vísceras, nas dobras moleculares de meu coração. Mas seria menos empolgante, como tantas existências quadriculadas que jamais provaram o gosto do infinito.

Seria a vida qual um cavalo? Mantenho sob suspeita a lógica antrópica, mas vejo o cavalo irremediavelmente condenado à ditadura impostergável de seus instintos. Sem dúvida, ele sabe. Será, porém, que sabe que sabe? Nós, seres humanos, fazemos à natureza todo tipo de indagação. No entanto, sabemos que sabemos sem, contudo, saber exatamente quem somos.

Teu estigma gravou em mim a força gravitacional de atração do Absoluto. Há, em todo vivente, esse impulso inelutável, ainda que polarizado por meras ambições. Sei que reduziste todo o intrincado mistério da existência humana a uma única atitude: o amor. Deixaste, todavia, a nosso cargo o enigma do que seja amar. Não questiono a exemplaridade de tua experiência amorosa. Amaste assim como só Deus ama. Eras descentrado de ti. Foste livre, embora a tua imagem, ao longo de vinte séculos, esteja cercada de incontáveis gaiolas preparadas para prendê-la. Inúmeras teologias tentam empalhar-te, como a um desses animais raros encontrados nos museus. Felizmente, tu sempre escapas.

Como decifrar o teu enigma? "É inútil tentar resumir certos indivíduos; só se pode mesmo segui-los", disse Henry James. Ou descartá-los. Vejo-te como uma daquelas pessoas frente às quais não cabe a indiferença. É também o caso de Francisco de Assis e Che Guevara. Porém, como definir-te? Homem ou Deus? A fé proclama que és Deus feito homem. Albert Schweitzer, médico, músico e teólogo, também acreditou nisso até descobrir que tu terias se equivocado a respeito de tua própria morte. Não esperavas que fosse ela tão precoce. Ora, um Deus jamais se equivoca. Schweitzer, ao não se sentir à vontade para ficar com os dogmas da Igreja, preferiu abraçar a tua ética. Assumiu-te como paradigma da realização da vontade de Deus e foi cuidar de hansenianos na África.

É surpreendente a força de teu estigma na literatura inconclusa de Marcos. Nenhuma outra obra da Antiguidade alcançou tanta repercussão. Algo convenceu os leitores de que aquele personagem — que és tu — emergia das páginas, penetrava os olhos e os ouvidos e mergulhava fundo nos corações. Quantos discípulos suscitou a *Ilíada* de Homero? Não provocaste apenas admiradores, mas sobretudo seguidores. Quem se dispôs a morrer pelas ideias de Sócrates? A tua vida, mais do que tuas ideias, transborda irrefreável do *Evangelho de Marcos* e dos outros três evangelistas que, em base ao primeiro relato, narram a tua história.

É consenso que toda a tua mensagem se encontra resumida neste único mandamento: *Amar a Deus sobre todas as coisas e ao próximo como a ti mesmo*. Como todo discurso, este também comporta várias leituras. Nenhuma frase é lida do mesmo jeito por quatro olhos. Cada olho lê a partir do contexto em que se situa. Toda leitura, portanto, comporta o contexto no qual se insere o leitor e a própria subjetividade de quem lê. Ora, como a leitura clerical de teus mandamentos predominou durante séculos, propagou-se a ideia de que, desdobrado, o mandamento encerra, de fato, duas exigências: amar a Deus e amar ao próximo. É claro, sempre se cuidou de não separá-los, frisando que o amor a Deus se traduz no amor ao próximo e o amor ao próximo no amor a Deus. Contudo, embora forme uma unidade, esse mandamento maior quase sempre foi considerado passível de um triplo desdobramento: amor a teu Pai, amor ao próximo e amor a ti mesmo.

Em princípio, ninguém deseja para si senão o bem. Mas será que esta autorreferência é suficiente para nos induzir a não fazer ao próximo o que não queremos que nos façam? Amar ao próximo seria respeitá-lo, evitando humilhá-lo, magoá-lo, explorá-lo, traí-lo, matá-lo etc.

A meu ver, o mais difícil não é amar a teu Pai e ao próximo. É justamente amar a si mesmo. Quando constato o que temos feito de nossas vidas, me pergunto se de fato nos amamos. Grosso modo, minha resposta é "não". Parece que tão somente nos suportamos. Ou, quando muito, amamos o nosso conforto, o nosso dinheiro, os nossos bens, a nossa luta por uma promoção no trabalho ou por um melhor status. Isso não significa que nos amemos. Diria mesmo que, por vezes, nos odiamos, pois ligamos a todo o vapor a nossa mente e o nosso corpo, até o limite do estresse, sem sequer admitir que é preciso parar, relaxar e aprender a pensar pequeno. *Small is beautiful!* Poluímos o organismo com o alcatrão do cigarro, o álcool das bebidas ou a química das drogas. Sem dar tempo à saliva de processar quimicamente os alimentos, engolimos ansiosos, vorazes, entupindo-nos de gorduras e doces. Se tivesses vivido em nossa época, verias como estas duas cenas se assemelham: um pasto repleto de urubus em torno da carniça e uma churrascaria rodízio! A diferença é que, pela ótica dos urubus, somos uns canibais cruéis, pois além de não comermos cru os cadáveres das vacas, dos bois e dos porcos, queimamos ao fogo e, sem dentes apropriados, retalhamos à faca, forçando os bocados a descer goela abaixo sob a pressão da enxurrada de cerveja.

Temos preguiça e medo de respirar e, com frequência, retemos o gás carbônico nos pulmões, entupindo a chaminé de fumaça, retesando os músculos e deformando o corpo. Deixamos que a nossa mente se povoe de ideias ambiciosas, de sonhos desmesurados e vingativos, enquanto o nosso coração embebe-se de ressentimentos e cobiças pretensiosas. Ora, Jesus, se nem ao menos amamos a nós mesmos, como seremos capazes de amar ao próximo e a teu Pai?

Tu nos ensinaste o que é amar a si mesmo. Eras um homem inteirado e integrado. Nunca trataste o teu corpo com mortificações ou mutilações, como se comprouvesses na dor, nem assumiste uma disciplina ascética exaltadora de teu narcisismo e sem consideração às pessoas mais próximas. Imaginaste alguma vez se, nas bodas de Caná, tu tivesses dito aos que serviam bebida que a falta do vinho não te dizia respeito, uma vez que não eras dado a tais prazeres? Ou se, perante a multidão faminta em torno do lago de Tiberíades, conclamasses todos a permanecer em jejum pelas almas do purgatório, deixando de fartá-los de pães e de peixes? É verdade que nunca te vi num banquete romano nem tive notícia de que, em tua casa, por ocasião da Páscoa, comias saborosos quartos de cordeiro assado. Viveste como um homem simples. Não como um daqueles monges essênios que, junto ao Mar Morto, se entregavam a prolongados jejuns ou como teu primo, João Batista, que apreciava gafanhotos ao creme de mel silvestre. Não fizeste de tua fé um baluarte do teu orgulho e, por isso, criticaste os fariseus que mantinham limpos os pratos e sujos os corações. Não viveste como um mendigo, estendendo as mãos suplicantes nas ruas e nos caminhos, nem como um homem de posses, cercado de todos os confortos e entregue à administração de sua própria prisão dourada.

Foste capaz de amar a ti mesmo. De preservar teus momentos de longas conversas com o Pai, e desfrutar da amizade de teus amigos. Não deixaste poluir a tua mente e o teu coração pondo para fora o que de positivo e de negativo sentias, a ponto de chamar Pedro de "satanás" e de tratar os fariseus como "raça de víboras". Em tua militância havia tempo a perder em companhia de tuas amigas Marta e

Maria, embora a primeira tendesse a jamais perder tempo. Choraste quando morreu teu amigo Lázaro e cedeste às pressões do centurião e da mulher cananeia. Havia momentos, porém, em que preferias ficar só, entretido em ti mesmo sob as árvores de uma montanha ou à cabeceira de um barco na travessia do lago.

Gostavas de ti, Jesus. Tanto que sofreste de verdade quando sentiste chegar a hora de tua morte. Foste, também ali, um homem, e não um herói. Não estufaste o peito altaneiro frente aos guardas do Templo que foram te capturar. Não bravejaste impropérios diante do covarde Pilatos que te interrogava. Sofreste sem vergonha de tombar três vezes no caminho do Calvário, e agradecido a Cireneu por ajudar-te a suportar o peso da cruz. Clamaste ao Pai, suplicando que afastasse de ti aquele cálice.

A tua morte, Senhor, representou um fracasso — para ti mesmo, que te sentias abandonado pelo Pai e não queria morrer tão cedo; para os teus companheiros que, após tanta expectativa, fugiram desolados; para Pedro, que te negou três vezes. Fracasso para os discípulos, como os dois que caminhavam em direção a Emaús e não escondiam o desapontamento de quem vê a esperança abortada.

As mulheres que mais te amaram foram aromatizar o teu corpo: Madalena, Salomé, Joana e Maria, mãe de Tiago. Queriam tanto cuidar-te que só no caminho se deram conta de que não teriam forças para remover a pedra do sepulcro.

Houve, contudo, alguém que não admitiu o fracasso. Alguém que te encarava com aqueles olhos que jamais se deixam cegar.

Ao primeiro dia da semana, Maria Madalena retornou ao túmulo. Queria ver o amado. As pessoas morrem, o amor, jamais. Queria estar ao teu lado, ainda que o teu corpo jazesse inerte na gruta fechada por uma pedra. E qual não foi a surpresa dela ao constatar que a pedra havia sido removida. Tu havias ressuscitado.

Após ressuscitar, primeiro quiseste aparecer, não a um dos apóstolos, nem a Pedro, mas a Madalena. Com certeza, era ela quem mais queria te ver vivo. E não era a pessoa mais indicada para anunciar a tua ressurreição. Mulher, carregava um passado discutível. Por isso, teus companheiros não acreditaram quando ela disse-lhes que estavas vivo. Mais uma vez, tu surpreendias todos, revelando-se pelo paradoxo. Quiseste brindar Madalena com um gesto que só a gratuidade do amor comporta.

Teus amigos julgaram-na alucinada quando ela comunicou que teu corpo não se encontrava no sepulcro. Tu ressuscitaste! "Coisa de mulheres", teriam comentado. Outro teria observado que a obsessão de Madalena por ti a impedia de ter a cabeça no lugar. Mas tu tomaste a defesa dela ao aparecer aos onze e comer com eles.

Teria Madalena mais fé do que Pedro e João? Os dois foram com ela ao sepulcro, mas só ela, que enxergava com o coração, viu ali os dois anjos. Quiseram consolá-la. Indagaram por que chorava. "Tiraram o meu Senhor e não sei onde o esconderam." Teu corpo sumira como, ao longo dos séculos, desapareceram de tantos combatentes pela justiça cujas mães não tiveram uma sepultura onde chorar seus mortos.

Naquele momento, disfarçado de jardineiro, tu te puseste ao lado dela. E disseste: "Por que choras, mulher? A quem procuras?". Ela pensou que era o funcionário do horto que, talvez, te tivesse exumado para abrigar ali outro cadáver. Dispôs-se a levar o teu corpo, sabe Deus para onde, desde que ele o entregasse. Mas tu tomaste a iniciativa de quebrar o mistério. "Maria", disseste. Pela entonação da voz, ela reconheceu o amado. "Mestre", retrucou, abraçando-te agradecida e aliviada pelo reencontro. "Solta-me", reagiste, pois agora estavas livre de todas as injustiças, de todos os jugos e do maior de todos os males: a morte.

O amor havia transcendido, para sempre, os limites que o egoísmo humano tenta impor.

Assim, homem e Deus, Deus feito homem, tu me cativaste e por ti me deixei cativar.

Quem é Jesus?

"Onde está Jesus?" tem sido, ao longo dos séculos, um jogo mais atrativo que "Onde está Wally?". Qual o perfil mais adequado ao jovem galileu, cujo nascimento comemoramos em 25 de dezembro, festa do Natal?

O inconsciente coletivo do Ocidente e da Europa Oriental gira em torno dessa figura enigmática, originária de Nazaré — aldeia palestinense obscura, ignorada pelo Antigo Testamento —, líder de um grupo dissidente do judaísmo, pregador ambulante e, segundo fontes judaicas e romanas, assassinado na cruz em Jerusalém por volta do ano 30 de nossa era.

Como quem fixa os olhos na mesma figura de Jesus, o "olho mágico" dos teólogos descobre diferentes perfis: de revolucionário (Samuel George Frederick Brandon) a libertador (Leonardo Boff e Jon Sobrino); de mago (Morton Smith) a carismático (Gerd Theissen); de rabino (Bruce Chilton) a proto-fariseu (John Fox); de profeta escatológico (Bernie Sanders) a fundador de uma Igreja (Joseph Ratzinger).

Segundo Jaroslav Pelikan, malgrado nossas convicções individuais, "Jesus de Nazaré tem sido a figura dominante na história da cultura ocidental há cerca de vinte séculos". Crentes, agnósticos ou ateus, não há como deixar de se sentir interpelado pelo homem que cresceu em Nazaré da Galileia, exerceu sua atividade pública por apenas três anos, não deixou nenhuma obra escrita e morreu crucificado em Jerusalém na primavera do ano 30, acusado de ser um falso profeta que cometeu os crimes de magia, desrespeito ao sábado e ao Templo, e blasfêmia contra Deus.

Não foi o único, à época, a merecer a pena capital dos romanos que ocupavam a Palestina. Jehohanan, judeu como Jesus, também foi crucificado, e quase ninguém ouviu falar dele. Talvez Jesus mergulhasse na obscuridade se não houvesse organizado um grupo de discípulos que, após a sua morte, proclamou que Deus o ressuscitara. Para eles, o Nazareno era, portanto, o Messias tão esperado pelo povo de Israel.

O resto da história todos conhecemos: os judeus rejeitaram os cristãos por considerá-los uma seita herética, e os romanos os encararam como um bando de subversivos que ameaçava minar os fundamentos do Império Romano. E embora Jesus tivesse recomendado a seus seguidores "amar os inimigos" (Mateus 5,43; Lucas 6,27) — na opinião de James H. Charlesworth, professor de língua e literatura do Novo Testamento e catedrático de estudos bíblicos no seminário teológico de Princeton, nos Estados Unidos, "o mais distinto ou singular de seus ensinamentos éticos" — os cristãos puseram lenha na fogueira do antissemitismo acusando, ao longo dos séculos, os judeus de assassinos de Jesus.

No século IV, são Jerônimo reclamou que as preces judaicas pareciam "o grunhido de um porco e o relinchar de asnos". Na edição de 1928 do *Pequeno Officio dos Domingos*, aprovado pelo cardeal patriarca de Lisboa, consta entre as orações: "Os ferozes desejos dos Judeus ainda não estão satisfeitos, ah, meu Jesus! [...] Offereço-vos o desejo e a firme vontade de não vos offender mais, porque muito me horrorisa a ideia de cooperar com Pilatos e com o pôvo hebreu para a vossa morte".

Foi preciso que o papa João XXIII e o Concílio Vaticano II dessem um basta a essa injusta obsessão. Jesus foi executado na cruz como prisioneiro político por ordem de dois poderes: o romano, representado por Pilatos, e o judaico, representado pelo Sinédrio. Assim como não se pode culpar todos os muçulmanos pelo fato de um grupo terrorista de fé islâmica derrubar as torres gêmeas de Nova York, em 2001, é injusto e descabido culpar o povo romano ou judaico pela morte de Jesus.

A Palestina no tempo de Jesus

Há muitas semelhanças entre a Palestina de Jesus e a América Latina de hoje, malgrado a distância de mais de dois mil anos. A Palestina não era uma região independente. Dominada pelo Império Romano, a lei era a vontade do imperador, a quem muitos veneravam como deus. Como o imperador morava em Roma, a Palestina era governada por homens por ele nomeados. O governador da Judeia e da Samaria era Pôncio Pilatos, cujo palácio ficava em Cesareia, cidade litorânea da Samaria. Havia em Cesareia um grande quartel, que abrigava as tropas encarregadas de assegurar o poder dos romanos sobre o povo judeu. Era um exército com cerca de três mil homens, recrutados entre as populações da Síria e da Palestina. Tinha como principal função impedir ou reprimir qualquer tentativa de libertação dos judeus. Por isso, os oficiais romanos tomavam o cuidado de não recrutar hebreus.

Pilatos não era muito de meter sua colher na vida interna dos judeus. Mas, em época de festas, deixava a brisa marítima e subia a Jerusalém. Na capital da Judeia, Pilatos concedia audiência às autoridades judaicas e tratava dos casos dos condenados à morte por motivos políticos. Certa feita, por ocasião da festa da Páscoa, tratou do caso de um subversivo chamado Jesus de Nazaré (Marcos 15).

A Galileia, terra de Jesus, era governada por Herodes Antipas, cujo palácio ficava em Tiberíades, às margens do lago Genesaré. A mania de Herodes era gastar o dinheiro público em obras suntuosas. Era líder de um partido que admitia judeus entre seus membros (Marcos 3,6) e que, por traírem seu povo ao colaborar com o ocupante estrangeiro, eram conhecidos como herodianos.

No tempo de Jesus não havia separação entre religião e política. Quem dominava a política, dominava a religião. Um país que caísse em mãos dos romanos era obrigado a adotar a religião dos dominadores, o paganismo. Mas toda regra tem exceção. Como era muito arraigado o sentimento religioso dos judeus, os romanos não tiveram como obrigar os conterrâneos de Jesus a se tornarem pagãos. Entretanto, como quem está por cima não dá ponto sem nó, respeitavam a religião dos judeus com uma condição: o poder religioso deles ficaria à sombra do poder político de César.

A organização político-religiosa dos judeus começava nas aldeias, cada uma delas governada pelo conselho de anciãos, os mais velhos e respeitados. Atuavam como vereadores e prefeitos. Se alguém infringia a Lei, o conselho, integrado apenas por chefes de família que tivessem puro sangue judeu, funcionava como tribunal. Filhos de estrangeiros ou casados com estrangeiras ficavam excluídos de qualquer nível da organização político-religiosa dos judeus. O sacerdote da aldeia também era membro do conselho.

Nas cidades da Palestina, os conselheiros não eram escolhidos entre os mais velhos, e sim entre os mais ricos, os grandes proprietários de terras. Eles decidiam o permitido e o proibido, o justo e o injusto, o puro e o impuro. Os preceitos do Antigo Testamento, lidos e entendidos pela ótica daqueles poderosos, eram a Lei. Faziam parte também dos conselhos das cidades os professores da Lei, os escribas. Eram eruditos e muito respeitados. Os sacerdotes que tinham curso de professores da Lei também eram admitidos no governo das cidades.

O centro do poder político-religioso da Judeia era Jerusalém, cujo conselho era conhecido como Sinédrio. Sua autoridade estendia-se sobre os judeus do mundo inteiro. Contava com 71 membros, divididos em três partidos: 1. dos ricos proprietários de terras; 2. do grupo religioso dos saduceus; 3. do grupo religioso dos fariseus. Os dois primeiros representavam os interesses dos setores dominantes e aceitavam a dominação romana. O partido dos fariseus não aceitava a dominação e, por isso, gozava de prestígio junto ao povo simples. Era a facção populista da época. Os fariseus, defensores da não violência, também não concordavam com os guerrilheiros zelotes que queriam expulsar os romanos da Palestina através da luta armada.

O presidente do conselho de Jerusalém era o sumo sacerdote. O Sinédrio se reunia no Templo, onde resolvia questões religiosas, políticas e jurídicas. A única coisa que não podia fazer era desobedecer ou desagradar os romanos. A fim de assegurar essa fidelidade política, era Pilatos quem nomeava o presidente do Sinédrio. O povo não tinha nenhuma participação na escolha de seus governantes.

Logo abaixo do presidente do Sinédrio ficava o comandante do Templo — responsável pela polícia militar que garantia a segurança do culto. Os soldados eram recrutados entre judeus religiosos conhecidos como levitas, tidos como descendentes de Levi (Lucas 3,24). Brigas, roubos ou desordens no Templo eram imediatamente reprimidas pelos guardas levitas.

Os levitas cuidavam também da música e do canto no Templo, em cuja manutenção e administração trabalhavam. Calcula-se que, no tempo de Jesus, havia cerca de 9,6 mil levitas e 7,2 mil sacerdotes que cuidavam do culto. Como toda a população de Jerusalém não ultrapassava 30 mil habitantes, deduz-se que a maioria dependia diretamente do Templo para viver.

A administração do dinheiro recolhido pelo Estado-Templo ficava por conta do sacerdote-chefe, responsável pela cobrança dos impostos e dos dízimos, pelas verbas destinadas à reforma do Templo e ao pagamento dos operários, como também pela assistência aos pobres.

Em suma, no tempo de Jesus, a situação política da Palestina tinha como principais características: 1. não havia liberdade política para o povo; 2. o centro de decisão política ficava em mãos de estrangeiros; 3. o poder político local, o Sinédrio, era manipulado pelo imperialismo romano; 4. essa situação era assegurada por forças armadas que intimidavam o povo e reprimiam os descontentes e os opositores.

Não é de estranhar que, naquele contexto, Jesus tenha morrido como prisioneiro político.

Um Deus muito humano

Jesus é, para nós cristãos, Deus feito homem. Como anuncia o Evangelho de João, "o Verbo se fez carne e habitou entre nós". Entrou em nossa história pela porta dos fundos: filho de um carpinteiro e de uma camponesa que apareceu grávida antes do casamento. Em Belém, as portas se fecharam para o casal. Nas proximidades da cidade, José e Maria ocuparam uma terra e, ali, deram à luz o filho Jesus.

Igual a nós em tudo, exceto no egoísmo, Jesus enfrentou, no deserto, as tentações do ter (fazer das pedras pães), do prazer (atirar--se ao vazio sem risco de se ferir) e do poder (possuir os reinos do mundo). Preferiu viver em comunidade com pescadores do lago da Galileia, habituado a longos períodos de oração, peregrinando de aldeia em aldeia.

No casamento em Caná, a falta de vinho levou-o a operar seu primeiro milagre. Pura gratuidade. A festa não podia acabar. Transformou água em vinho. Anos mais tarde, faria o último ao transformar o vinho em sangue e, o pão, em corpo divino. Instado a ensinar seus companheiros a orar, Jesus deixou claro que só quem partilha os bens essenciais à vida, o pão nosso, merece chamar Deus de "Pai nosso".

Apreciava a boa mesa, a ponto de comparar seu Reino a um banquete e ser acusado de "comilão e beberrão". Não admitia que seus discípulos despedissem o povo com fome, e exigiu que um homem rico primeiro fizesse justiça aos pobres para, em seguida, tornar-se seu seguidor.

Viu um grupo de teólogos prontos a apedrejar uma mulher que fora apanhada em adultério. Começou a escrever no chão os pecados de cada um. Eles largaram as pedras e, envergonhados, se foram. Como ninguém a condenara, ele também não o fez. Instou-a a não pecar de novo.

Tratava Javé por *Abba*, que, em aramaico, significa "pai querido". Exultou porque Deus oculta os mistérios de seus desígnios dos sábios e doutores e os revela aos pequeninos (Mateus 11,25). Na Parábola do Filho Pródigo, comparou Deus a um pai que abraça e beija o filho devasso antes que este se explique, pois o amor é a essência divina.

Ficou bravo com Pedro quando este disse que ele não corria o risco de ser assassinado. Malgrado as fraquezas de Pedro, que o renegou à hora da cruz, fez dele o líder de seu grupo. Jamais pisou em Tiberíades, a capital da Galileia, e xingou Herodes Antipas, o governador, de "raposa".

Defendeu Maria de Betânia quando a irmã Marta queixou-se dela, e chorou ao saber que Lázaro, irmão das duas, havia morrido. Tanta era a saudade que decidiu ressuscitá-lo. Livre de preconceitos, atendeu ao centurião romano que lhe pediu para curar o servo e reconheceu a sabedoria da mulher cananeia que, de modo sutil, o criticou por restringir suas atividades aos judeus.

Ressuscitado, apareceu como jardineiro para Madalena; pescador para os apóstolos; peregrino para os discípulos na estrada de Emaús. E ensinou-nos que, ao longo dos séculos, sempre haveremos de encontrá-lo na face daquele que "tem fome... sede... está nu... doente... oprimido" (Mateus 25,35).

Como afirma Leonardo Boff, humano assim como ele foi, só podia ser Deus mesmo.

A estrela de Belém

Conta a Bíblia que sobre a cidade de Belém da Judeia reluziu uma estrela quando nasceu Jesus. Provenientes da Babilônia, os reis astrólogos, também conhecidos por magos, orientaram-se por ela até chegarem à manjedoura, junto à qual adoraram o Menino.

Porém, o rei Herodes, que governava a Palestina, viu na estrela um mau presságio. Já que o seu poder não tinha forças para apagar a estrela no céu, ordenou que o Messias fosse eliminado da face da Terra.

O Natal é uma festa paradigmática. Seus símbolos, aparentemente tão infantis, são psicologicamente profundos. Viver é uma experiência natalina. A diferença é que, em torno de 25 de dezembro, três fatores se somam: o caráter religioso da festa, que impregna a boca da alma de estranho sabor de nostalgia; a fissura "papainoélica" do consumismo e dos presentes compulsórios; e a proximidade da virada do ano.

Enquanto a compulsiva comercialização da data nos condena à ressaca espiritual, o caráter religioso da festa deixa-nos com saudades de Deus, e a chegada do Ano-Novo reforça nosso propósito de melhorar de vida. Daí o sentimento conflitivo de quem gostaria de acordar na manhã de 25 e encontrar, nos sapatos, um símbolo de afeto, o afago à criança que dorme dentro de nós, mas sabe que, no império do mercado, a idade adulta é inimiga da infância.

"Ora, direis ouvir estrelas!", canta o poeta. Sim, temos olhos e ouvidos para os signos que expressam o novo. Na vida, nossos passos são conduzidos por estrelas, sonhos e ambições que simbolizam a fonte da felicidade. Nunca estamos satisfeitos com o que somos ou temos. Feitos de matéria transcendente, trafegamos no labirinto da existência seduzidos pelo absurdo, mas famintos de Absoluto.

Para os antigos, a imagem da utopia era um jardim repleto de fontes, flores e frutos. Para a Bíblia, o Jardim do Éden, que em hebraico significa "lugar das delícias", lá onde se suprime o limite entre o natural e o sobrenatural, o humano e o divino, o efêmero e o eterno.

Hoje, nosso mal-estar advém desse horizonte estreito em que miramos estrelas cadentes. Raras as ascendentes. Iniciamos o século XXI como aprendizes de deuses, capazes de engendrar vida em provetas e possuir olhos eletrônicos que penetram a intimidade da matéria e do Universo, sem no entanto erradicar a fome, a desigualdade e a injustiça.

Somos órfãos da esperança. Quase tudo está ao alcance do poder do dinheiro, exceto o que mais carecemos: um sentido para a vida. Tateamos, sonâmbulos, nessa interminável noite de insônia. Calam-se as filosofias, confinadas aos limites da linguagem; desaparecem as utopias, travestidas no mesquinho desejo de poder e posse de refinados objetos; enquanto as religiões cedem às exigências do mercado e oferecem o lúdico a quem busca luz, sem abrir as portas que nos conduzam à inefável experiência de Deus.

"E agora, José?" Agora, é mudar o Natal e a nós próprios. Dar as costas a Papai Noel e procurar a estrela em nossas inquietações mais profundas. Descobrir a presença do Menino em nosso coração. E, como sugeriu Jesus a Nicodemos, ousar renascer em gestos de carinho e justiça, solidariedade e alegria. Em vez de dar presentes, fazer-se presente lá onde reina a ausência de afeto, de saúde, de liberdade, de direitos. Dobrar os joelhos junto à manjedoura que abriga tantos excluídos, imagens vivas do Menino de Belém.

O batismo de Jesus

Marcos abre o seu relato evangélico contando o batismo de Jesus no rio Jordão. Ali estão os sinais das rupturas operadas por ele. Rompeu com o sistema dominante ao recorrer ao batismo marginal de João. Naquele dia, deixou claro que o sistema não poderia mais conter a salvação prometida por Javé.

Provocou a abertura dos céus e introduziu uma nova relação do humano com o divino. A primeira manifestação do Espírito deu-se na forma de um daqueles pequenos animais que eram comprados no Templo por gente simples como Maria e José, que não puderam oferecer, quando Jesus foi consagrado, um cordeiro ou um boi, por ser muito caro. Ofereceram duas pombas, como faziam os pobres. E, na forma de pomba, o Espírito pairou sobre Jesus junto às águas do Jordão.

Na religião marginal de João Batista, primo de Jesus, estava a marca da ruptura com as práticas religiosas admitidas pelo sistema vigente. E no Espírito, em forma de pomba, a evidência de que a bênção se derrama gratuita sobre os pobres.

O mais inusitado, contudo, foi o modo como Deus se manifestou. Não com trovões ou raios. Nem com fogos ou tempestades. Falou com uma expressão só possível entre pessoas que se amam com muita ternura: "Tu és meu filho amado, em ti me comprazo". Chamou Jesus de filho, de amado, de fonte de prazer.

Pouco depois, João Batista foi preso por denunciar a corrupção das autoridades políticas. Jesus assumiu o lugar deixado vago. Identificou na tragédia o indicativo de sua missão. E decidiu afastar-se ainda mais do centro, rumando para a Galileia. Preferiu um estilo próprio, diferente do adotado por seu primo. Não permaneceu no deserto, partiu para vilarejos e cidades. Deu mais importância ao anúncio da mensagem evangélica do que às práticas ascéticas. Não se ocupou em batizar, mas em evangelizar. Não anunciava o perdão dos pecados, como João, mas a soberania de Deus. Enfatizava que, agora, a conversão já não era para escapar aos castigos divinos, e sim para acolher os dons amorosos de Deus.

Entre o batismo no Jordão e o início da missão, Jesus enfrentou um momento difícil. Um desafio tão forte que os evangelistas chamam de "tentação". No deserto, passou por uma crise existencial, como todos nós quando diante de uma decisão que modifica a rota da vida.

Nunca é fácil discernir. Escolher uma, entre tantas possibilidades, é admitir o jogo cruel em que a única opção implica inúmeras renúncias. Talvez a frustração seja, também, a nostalgia daquilo que não fomos e não somos. Dotados de versatilidade, somos seres condenados a viver uma única existência. Certamente é essa a raiz da vocação do ator e da atriz. São pessoas que se multiplicam em muitas vidas, dos personagens de Sófocles ao *Rei Lear* de Shakespeare, como se quisessem transcender a si mesmos. Nesse voo, nos ensinam que não devemos suportar os próprios limites. Pois, como Jesus, fomos criados para sermos deuses.

Diferentes óticas sobre Jesus

Acerca de Jesus, cada ponto de vista é a vista a partir de um ponto, do doce Menino do presépio ao revolucionário crucificado pelos poderosos. O caleidoscópio gira do Cordeiro de Deus ao *Evangelho Segundo Jesus Cristo*, de José Saramago.

Nas artes, são múltiplas as imagens de Jesus. Hoje, as mais conhecidas são aquelas que o cinema projeta. *A última tentação de Cristo*, filme dirigido em 1988 por um ex-seminarista, Martin Scorsese, ressalta a face humana de Jesus. Talvez Scorsese, em sua formação cristã, tenha recebido, como muitos de nós, uma imagem acentuadamente divina de Jesus, o que justifica a curiosidade por este homem que há mais de dois mil anos viveu em uma província periférica do Império Romano, a Palestina, exerceu uma curta militância de três anos, ousou reformular a lei mosaica, fez-se pobre entre os pobres, pregou em aramaico e jamais escreveu uma só linha.

A última tentação de Cristo é um filme que enfatiza a humanidade de Jesus, em uma releitura a partir de nosso contexto cultural. Scorsese, ao contrário do método historiográfico, não vai em busca do genuíno Jesus. Faz o caminho inverso. Quer trazê-lo ao universo de valores predominantes na sociedade ocidental. E é nesse esforço que o diretor tropeça em duas tentações: a primeira, realçar a divindade de Jesus maquiando-o como um taumaturgo capaz de gestos miraculosos que mais parecem mágicas; a segunda, enfatizar a lenda de um Jesus apaixonado por Madalena e que teria tido vida matrimonial.

Ora, ao qualificar de tentação as supostas relações sexuais de Jesus, o diretor Scorsese escorrega exatamente onde não pretendia, pois deixa transparecer uma conotação pecaminosa na atração entre um homem e uma mulher, dom e graça de Deus, a ponto de a Igreja consagrar o matrimônio como sacramento. Jesus não deixou de casar por ter vencido "uma tentação", e sim por abraçar uma causa que lhe exigiu dedicação total, movido pelo coração povoado pelo absoluto do Amor, que ele nos revelou como Sentido fontal de nossa existência e, já agora, habita o âmago de nosso ser.

Enquanto Scorsese nos convida a entrar na intimidade afetiva de Jesus, este nos propõe mergulhar na intimidade amorosa do Pai com o Filho no Espírito Santo, através do amor ao próximo.

No entanto, Jesus marcou a nossa história como nenhum outro homem. É o nosso paradigma como ser humano, ainda que não o admitamos conscientemente. Com certeza por ter centrado sua mensagem no amor e assegurado, com a sua ressurreição, que a vida é mais forte do que a morte.

O filme de Scorsese é uma versão cinematográfica do romance de mesmo nome do grego Nikos Kazantzakis, um autor "mordido" pela paixão dostoievskiana ao homem de Nazaré, e que ganhou fama internacional com o clássico *Cristo recrucificado*.

Para a doutrina cristã, Jesus não era um Deus disfarçado de homem nem um homem a usurpar poderes divinos. Era plenamente homem e plenamente Deus. À nossa mentalidade cartesiana essa unidade parece contraditória. A divindade não é a negação da humanidade. É a sua culminância.

Há uma vasta filmoteca a respeito de Jesus. Desde o retumbante *Rei dos reis*, com Hollywood dando emprego a milhares de figurantes fantasiados de soldados romanos, aos antológicos *Nazarín*, de Luis

Buñuel, filmado em 1958, e *O Evangelho segundo são Mateus*, de Pasolini, de 1964.

Esse fascínio provocado por Jesus não se reflete apenas nos artistas. Os próprios evangelistas buscam decifrar a múltipla face de Cristo, o que explica serem quatro os evangelhos, e não apenas um. Marcos nos oferece um relato mais próximo do Jesus humano, com suas emoções e sentimentos. Mateus talha o rosto judaico do Messias. Lucas ressalta a prática de justiça e a opção pelos pobres. E João, mais poético, enaltece o *Cristo da fé* como ápice de toda a Criação.

A diferença é que os evangelistas querem proclamar Jesus como manifestação da presença de Deus na história, enquanto os artistas, em geral, buscam preencher, com sua imaginação, tudo aquilo que não se sabe com certeza a respeito do mais famoso galileu de todos os tempos: como foi educado, que visão tinha da política vigente e da mulher, qual era sua aparência e temperamento etc.

Seja qual for o perfil jesuânico que se desenha em nossas mentes e corações, o *Jesus da fé* nunca deixa de ser alguém criado também à nossa imagem e semelhança. O que nós, cristãos, sabemos a respeito dele decorre do Novo Testamento, em especial dos evangelhos de Marcos, Mateus, Lucas e João. Essa é a fonte principal da revelação cristã.

Porém, a Igreja reconhece que os evangelhos resultam de tradições e adições, história recontada e fé articulada. Não são biografias de Jesus, mas reminiscências e episódios (as parábolas) que nos transmitem a fé posteriormente encorpada em doutrina. Mas há personagens e história reais no bojo daquelas proclamações de fé, como Herodes, Quirino, Pilatos, a cruz etc.

O *Cristo da fé* coincide com o *Jesus da história*? O filho de Maria e do carpinteiro José teria sido retratado com fidelidade pelos evangelistas? Embora tais perguntas possam parecer irrelevantes para muitos cristãos, elas são centrais para a historiografia, que não se pauta pela maquiagem com que um grupo de discípulos reveste a figura de seu líder. Pode-se conhecer o político Josef Stálin a partir do que dele dizem os stalinistas? Ou Hitler, tendo como fontes apenas os documentos do Exército nazista?

Ora, desde o século XIX, quando o método histórico crítico desfez as fantasias de Bruno Bauer, que negou a existência histórica de Jesus, e de Renan (*A vida de Jesus*, 1863), os interessados no Jesus histórico se convenceram de que os evangelhos não são fontes fidedignas e suficientes para se saber quem foi, de fato, aquele que é considerado o fundador da Igreja. A visão "histórica" que temos de Jesus deriva muito mais da ficção medieval e moderna, de devoções e hagiografias, do que de fontes confiáveis.

Em sua ousada liberdade, o filho de Maria e José teria se caracterizado por um comportamento que destoava dos códigos sociais, morais e religiosos predominantes na Palestina do século I. É provável que Jesus fosse relegado ao anonimato que encobre milhares de crucificados palestinenses da mesma época — até hoje, o esqueleto de apenas um foi encontrado, em 1968 — se seus discípulos não tivessem testemunhado que ele ressuscitou, para comprovar sua origem divina.

O impacto da ressurreição dilatou a comunidade apostólica em Igreja e, três séculos depois, minou os alicerces do Império Romano. O *Cristo da fé* sobrepujou, na consciência dos fiéis, o Jesus histórico.

O retrato de Jesus

Como é o retrato de Jesus? Em muitas estampas europeias, segue o figurino da moda: louro, cabelos longos e olhos azuis. Na América Latina, há imagens nas quais ele aparece com feições indígenas. Os galileus eram, em geral, morenos. Vi em uma igreja de Pequim um Jesus de olhos rasgados e cabelos lisos e, em Nairobi, ele tinha o rosto negro, lábios salientes, cabelos encrespados. Tentar reproduzir o rosto de Jesus de Nazaré corresponde à mesma vã pretensão de um teólogo convencido de apreendê-lo em totalidade.

Os evangelhos não fornecem descrições fisionômicas de Jesus. Há quem afirme que ele não era alto, tomando como base o relato de que Zaqueu, homem "de baixa estatura" que, ao saber que ele entrava em Jericó, subiu em um sicômoro para poder vê-lo (Lucas 19,1-4).

Lendas, há muitas. Em Moscou, na Catedral da Assunção, há uma Santa Face. Abgar, rei de Edessa, ao saber da fama de Jesus, teria enviado um pintor para fazer-lhe o retrato. Deslumbrado pelo brilho do Verbo encarnado, o artista não conseguiu sequer desenhar o esboço. Jesus teria encostado a face no manto do pintor, fixando ali a sua bela imagem... Algo semelhante ao sudário de Turim, que teria revestido o corpo morto de Jesus.

No século XIV circulou a *Carta de Lêntulo*, suposto governador de Jerusalém que, no século I, teria escrito "ao Senado e ao povo romano" esta descrição de Jesus: "Tem o rosto de tal maneira venerável que todas as pessoas que o contemplam podem, ao mesmo tempo, temê-lo e amá-lo. Os cabelos são da cor de avelãs maduras, lisos até quase às orelhas, com ligeiro reflexo azulado, e flutuam sobre os ombros. A tez é corada, e o nariz e a boca, irrepreensíveis. Tem a barba abundante, da mesma cor da cabeleira, dividida no queixo, mas não muito comprida... É o mais belo de todos os filhos dos homens!".

O mártir Justino dizia que ele tinha um "aspecto desprezível". Santo Irineu, do século II, o considerava "enfezado". Orígenes o descreve como "pequeno e sem graça". As primeiras imagens, encontradas nas catacumbas, o representam jovem, vigoroso e imberbe, segundo a concepção estética dos gregos, para quem a juventude era um atributo dos deuses. No século V, a influência bizantina moldou o Cristo adulto de rosto anguloso, nariz afilado, olhar profundo, barba castanha, cabelos apartados na fronte e derramados pelos ombros.

Teria Jesus o rosto sereno das pinturas de Fra Angelico ou a face rígida e encovada dos murais de Portinari? Segundo uma forte tradição, que inspira um dos quinze quadros da Via Sacra, uma mulher de nome Verônica teria enxugado seu rosto quando ele subia em direção ao Calvário com o madeiro às costas. Ora, Verônica é uma dessas imagens que, para nossa surpresa, não aparecem na Bíblia, como a maçã comida por Adão e Eva, e o cavalo do qual são Paulo teria caído no caminho de Damasco...

O mais famoso "retrato" de Jesus é o sudário de Turim, que lhe teria servido de mortalha — um pano com 4,36 metros de comprimento por 1,10 metro de largura, exposto desde 1694, e popularizado pela fotografia a partir de 1898. Ele reproduz um rosto de admirável beleza semita e, no corpo, as marcas de cinco chagas e torturas. Jesus teria a estatura de 1,78 metro, o nariz comprido, a boca bem torneada, a barba e os cabelos fartos. Em favor da devoção popular, a Igreja

Católica prefere não tomar partido no incessante debate entre os que defendem e os que negam a autenticidade do sudário.

Quanto à verdadeira face de Jesus, a resposta mais sensata foi dada por são Cipriano, bispo de Cartago, no século III: "Em vós próprios me vedes, tal como um homem, em um espelho, pode ver a sua imagem". E o próprio Jesus nos ensina que "quem me vê, vê o Pai" (João 14,1-31) e é a ele que servimos quando damos de comer aos famintos e libertamos os oprimidos, pois "cada vez que fizeres isso a um desses pequeninos, foi a mim que o fizestes" (Mateus 25).

Entre o Jesus histórico e o Jesus teológico

Em seu clássico *Jesus*, publicado no início do século xx, Rudolf Bultmann admitiu que "agora já não podemos conhecer qualquer coisa sobre a vida e a personalidade de Jesus, uma vez que as primitivas fontes cristãs não demonstram interesse por qualquer das duas coisas, sendo, além disso, fragmentárias e, muitas vezes, lendárias; e não existem outras fontes sobre Jesus".

A autoridade intelectual de Bultmann pôs uma pedra sobre esse veio de pesquisa. Interessar-se pelo Jesus histórico era perda de tempo. Porém, em 1953, Ernst Käsemann quebrou o tabu na trilha do método de estudo bíblico de Orígenes que, no século iii, considerava-se um caçador que andava silenciosamente pela floresta até pressentir alguma coisa se movendo. Então, partia em sua perseguição.

A vantagem de Käsemann, e de todos que se debruçaram sobre o Jesus histórico na segunda metade do século xx, é que, agora, muitas coisas se moviam e traziam luz onde antes havia trevas. Em 1947, três beduínos pastoreavam seus rebanhos a oeste do Mar Morto. Um deles viu dois buracos na encosta de um penhasco e atirou uma pedra no menor. Escutaram um som, como se a pedra tivesse batido em jarras de barro. Dias depois, o mais jovem escalou sozinho o penhasco e enfiou-se pela caverna. Nas jarras não havia nenhum tesouro. Mas uma delas continha dois embrulhos de pano e um rolo de couro. Os beduínos guardaram o achado em um saco e o amarraram, por várias semanas, no pau de uma tenda próxima a Belém. Depois, passaram os embrulhos a um receptador de Belém, o sapateiro Kando que, sem saber o valor do que tinha em mãos, mostrou-os a pessoas que se interessavam por antiguidades. Os dois embrulhos de pano e o rolo de couro eram os primeiros *Manuscritos do Mar Morto* a serem descobertos. Logo, outros documentos foram encontrados em diversas cavernas.

James H. Charlesworth rejeita o método da dissimilaridade ou princípio de descontinuidade, que procura destacar Jesus como figura singular, como um peixe fora das águas judaicas de seu tempo. Para o autor, "Jesus de Nazaré, como homem histórico, tem que ser visto *dentro* do judaísmo". Embora se interessasse, como cristão, pelas questões teológicas referentes a Jesus, ele se detém, naquela obra, nos limites da historiografia. Os documentos que analisa permitem conhecer melhor o contexto em que Jesus viveu e, portanto, o significado de algumas de suas palavras e ações.

Jesus era muito mais judeu do que supomos — é o que o livro, baseado em farta e erudita documentação, demonstra em linguagem acessível aos leitores em geral. Não se trata de enfocar Jesus *e* o judaísmo, mas Jesus *no* judaísmo.

O autor argumenta que já dispomos de recursos científicos suficientes para ter alguma ideia da compreensão que Jesus tinha de si mesmo. Comprova, por exemplo, que o título "Filho do Homem", frequente na boca de Jesus, não é uma criação cristã, já que é encontrado em documentos judaicos anteriores à destruição de Jerusalém pelos romanos, entre os anos 66 e 70. Todos os evangelhos são posteriores àquela data. Numa exegese detalhada da intrigante Parábola dos Vinhateiros Homicidas (Marcos 12,1-12), não reluta em defender que Jesus se sentia adotado como filho por Deus.

Charlesworth não pesquisa Jesus para mostrá-lo "como um herói do passado a ser admirado", mas para destacar a veracidade de certos fatos da vida dele, como a escolha dos discípulos, em um contexto em que o habitual era os alunos escolherem o mestre. Enquanto seus contemporâneos cultuavam um Deus distante, Jesus tratava Deus como um Pai muito íntimo, repleto de compaixão e amor, especialmente para com os pobres e pecadores. Isso destoava dos judeus da época, que clamavam por vingança divina e exigiam a punição dos maus.

Tendo convivido com grupos essênios — pois 4 mil deles espalhavam-se pela Palestina —, deles Jesus teria herdado o celibato "por amor ao Reino" (Mateus 19,10-12), criticando, porém, suas purificações formalistas que os impedia de amar o próximo e reconhecer que no coração de uma prostituta pode haver mais pureza do que em todas as abluções rituais. E com eles tinha em comum, além do tempo e do lugar (Palestina), as mesmas antigas tradições hebraicas, como a leitura de Isaías e a reza dos Salmos.

A conclusão do autor aplaca o receio dos que temem a verdade histórica:

> O fato de se examinarem documentos contemporâneos de Jesus e de se estudar arqueologia, no entanto, nunca deve ser encarado como uma tentativa de provar ou dar suporte a qualquer fé ou teologia. Uma fé autêntica não precisa disso. Filólogos, historiadores e arqueólogos não podem dar aos cristãos um Senhor ressuscitado, mas podem ajudar a compreender melhor a vida, o pensamento e a morte de Jesus.

O curioso é que, dos documentos analisados no livro, os três mais importantes — "Pseudoepígrafos", "Manuscritos" e "Nag Hammadi" — não foram descobertos por arqueólogos ou pesquisadores, mas por gente simples do povo. Hoje, nas Comunidades Eclesiais de Base da América Latina, é essa mesma gente simples que relê a Bíblia e, graças à assessoria científica de exegetas como Carlos Mesters, descobre que o Jesus da fé, o Cristo, se faz de novo presente na história através dos que oram o "Pai-nosso" porque, juntos, buscam o "pão nosso".

Jesus within Judaism, editada nos EUA em 1988, é uma obra que resgata o Jesus histórico a partir de importantes documentos, como os pseudoepígrafos (ou apócrifos) do Velho Testamento; os *Códices de Nag Hammadi*, encontrados no Alto Egito, em 1945; os *Manuscritos do Mar Morto*, descobertos em 1947; um manuscrito árabe que contém a versão do historiador Flávio Josefo (37-100) sobre Jesus; e recentes escavações arqueológicas na Palestina, especialmente em Cafarnaum e Jerusalém. "Essas tradições permitem-nos conhecer mais sobre Jesus do que qualquer judeu do primeiro século, com a possível exceção de Filo, Paulo e Josefo."

Esses documentos dão uma ideia do ambiente cultural e religioso no qual Jesus se educou; dos grupos com os quais teve contato; dos hábitos e costumes de seu tempo, enfim, "ajudam-nos a compreender a pátria intelectual de Jesus".

Sabemos, hoje, que a Jerusalém na qual Jesus pisou e foi assassinado respirava uma cultura cosmopolita, impressionava pela grandiosa beleza de seu Templo, possuía cerca de 20 a 30 mil habitantes (acolhia mais de 100 mil peregrinos por ocasião das festas judaicas); e dispunha de hipódromo, arena para corridas de quadrigas, estádio para competições atléticas e amplos teatros. Ali, falavam-se hebraico, aramaico, grego e latim.

Afinal, quem era e como era o homem Jesus de Nazaré, cujo presépio sinaliza a presença de Deus feito homem entre nós?

Na Palestina do século I, dominada pelos romanos, aconteceu um fato inusitado: o primo de João Batista, que fora assassinado por denunciar a corrupção dos governantes, manifestou-se como o Messias anunciado pelos Profetas e esperado pelo povo de Israel. Mas nem todos foram capazes de identificar Deus-feito-homem na figura de Jesus. Os preconceitos eram arraigados.

Aos olhos dos fariseus, o Messias deveria vir coberto de glórias, tão poderoso quanto o rei Davi ou envolto no esplendor de Salomão. Para indignação dos bem-pensantes, os pobres identificaram a presença divina naquele jovem que percorria a Galileia cercado de pescadores e publicanos, sem uma pedra onde recostar a cabeça, cheio de compaixão para com as prostitutas e os pecadores, e rigoroso com ricos e poderosos.

Os textos canônicos de Mateus, Marcos, Lucas e João, que hoje constam de nossas Bíblias, foram compilados a uma distância de mais de quarenta anos da morte e ressurreição de Jesus. Os quatro evangelhos, tais como aceitos hoje pelas Igrejas cristãs, são como cidades modernas edificadas sobre ruínas de antigas construções. Dos inúmeros evangelhos escritos nos séculos I e II, restam fragmentos de pelo menos uma dúzia deles.

Pode-se depreender dos textos canônicos e apócrifos que Jesus rechaçou qualquer mediação entre Deus e os homens, como o Templo de Jerusalém. Para evitar que se formasse em torno dele um movimento institucionalizado, preferiu a pregação itinerante. Apontou, como já presente entre nós, o Reino futuro aguardado por seus contemporâneos, e revelou um Deus que ama os excluídos, perdoa os pecadores e exige justiça dos poderosos.

A essência de sua proposta estaria em uma sociedade igualitária, na qual haveria partilha de bens essenciais à subsistência da vida, simbolizados no pão, no peixe e no vinho, e nela predominaria a atitude pessoal de amor ao próximo, inclusive aos inimigos.

Sempre haverá diferença entre a leitura histórica de Jesus, contida nos livros, e a leitura teológica de Cristo, baseada na experiência da fé. Assim como a física jamais verá um elétron ou um trio de quarks, mas é capaz de identificá-los por suas sequelas nos aceleradores atômicos, jamais saberemos exatamente como era o homem de Nazaré. Contudo, o que sabemos e cremos, ainda que não corresponda à realidade dos fatos, representa um profundo questionamento à nossa maneira de viver e encarar a existência. Ao instaurar, por suas palavras e atos, a radical sacralidade de todo ser humano, Jesus detonou uma revolução cultural que derruba todas as barreiras étnicas, sexuais e sociais. E abriu-nos a possibilidade imediata de experimentar Deus, amorosamente, em nossos corações.

Jesus era um cínico?

O teólogo John Dominic Crossan responde afirmativamente em seu alentado *O Jesus Histórico — a vida de um camponês judeu no Mediterrâneo*. Mas não se espantem os leitores. As palavras, como os textos, têm a sua arqueologia semântica. A rigor, não somos todos filhos da mãe? Um pesquisador do século xxx, que encontrasse esta expressão em filmes do século xx, talvez inferisse tratar-se de contenda entre irmãos. Do mesmo modo, ao concluir que "o Jesus histórico era um camponês judeu cínico", o autor não imprime ao adjetivo qualificativo o significado corrente na linguagem de hoje.

No teatro grego, *hipócrita* era o ator que repetia frases sem participar da ação cênica. Na boca de Jesus, era um modo de (des)qualificar os fariseus que pregavam o que não viviam. Assim, *cínicos* eram os discípulos de Diógenes de Sínope (400-320 a.C.) que buscavam a felicidade através de radical liberdade.

Segundo Farrand Sayre, em *The Greek Cynics* (Baltimore, 1948), os cínicos esforçavam-se por libertar-se dos desejos, do medo, das autoridades religiosas e públicas, das preocupações com a opinião alheia, do confinamento a uma localidade e da obrigação de sustentar mulher e filhos. Isso não significa que Jesus fosse discípulo de Diógenes, a quem Aristóteles chamava de "cachorro", por ele fazer tudo em público. Mas, em sua ousada liberdade, o filho de Maria teria se caracterizado por um comportamento que destoava dos códigos sociais, morais e religiosos predominantes na Palestina do século I.

Quem era e como era o homem Jesus de Nazaré? Milhares de livros foram escritos desde que, em 1863, Ernest Renan esboçou uma resposta em seu clássico *A vida de Jesus*. No Brasil, a melhor obra é *Jesus Cristo, Libertador*, de Leonardo Boff. Renan, entretanto, não foi o primeiro a buscar a face humana do Ressuscitado. Na arqueologia dos textos, a versão atual de Marcos (70 d.C.) inclui narrativas como *Ressurreição de um morto* e *A família do ressuscitado*, e a versão original conhecida como *Evangelho secreto de Marcos*. Por sua vez, Marcos serviu de base ao texto de Mateus (90 d.C.), que incorpora relatos do *Evangelho das sentenças Q* (50 d.C.) e do *Evangelho da cruz* (50 d.C.) — fontes também utilizadas nas versões canônicas de Lucas (90 d.C.) e de João (início do séc. II). Este último incorpora, entre os capítulos 2 e 14, o *Evangelho dos sinais*.

Como bom pesquisador, Crossan faz um exaustivo estudo do contexto mediterrâneo do século I. Segundo esse autor, Jesus "não buscava uma revolução política, mas uma revolução social que afetaria as profundezas mais perigosas da imaginação. Não dava nenhuma importância às distinções entre gentio e judeu, homem e mulher, escravo e homem livre, ricos e pobres. Tais distinções mal chegavam a ser atacadas na teoria: elas simplesmente eram ignoradas na prática".

Sempre haverá "uma dialética entre uma leitura histórica de Jesus e uma leitura teológica de Cristo", reconhece Crossan.

Jesus, divino ou maluco?

Em tempos de laicidade fundamentalista, em que autores reproduzem Voltaire e apregoam que Deus não passa de um delírio de nossas mentes, vale recordar o que disse Dostoiévski no século xix: "Ainda que me provassem que Jesus não estava com a verdade, eu ficaria com Jesus".

Jesus teve muito pouca importância para a sua época, exceto para o pequeno grupo de seus discípulos. Era um homem destituído de valor agregado. Agrega-se valor a uma pessoa pela função que ela ocupa (vide os políticos), os bens que ela porta (vide os ricos), os títulos que ela ostenta (vide os nobres e os acadêmicos), o lugar de origem (nascer em Paris ou Nova York soa melhor a certos ouvidos do que nascer em Santana do Capim Seco).

Em tempos de outrora, o lugar de origem fazia as vezes de sobrenome ou era integrado ao nome como tal: Paulo de Tarso, Tomás de Aquino, Joana d'Arc. Os evangelhos referem-se a Jesus de Nazaré. Que valor tinha Nazaré, cidade ao sul da Galileia? Era uma pequena aldeia camponesa com população em torno de duzentos a quatrocentos habitantes. Ali se cultivavam oliveiras, vinhas e grãos, como trigo e cevada. Suas casas eram de pedras brutas empilhadas umas nas outras, revestidas de argila ou lama, e até mesmo esterco misturado com palha para favorecer o isolamento térmico.

A existência de Nazaré jamais foi mencionada pelos rabinos judaicos na Mishná nem no Talmude, embora eles listem 63 outras cidades da Galileia. O historiador judeu Flávio Josefo, do século I, cita 45 localidades da Galileia, e Nazaré não aparece e nem figura em todo o Antigo Testamento. O catálogo bíblico das tribos de Zebulon enumera quinze localidades da Baixa Galileia, próxima a Nazaré, mas esta não é citada (Josué 19,10-15).

Nazaré era um lugar tão insignificante que Natanael, convidado a se tornar discípulo "daquele sobre quem escreveram Moisés, na Lei, e os Profetas: Jesus, o filho de José, de Nazaré", indaga com ironia: "De Nazaré pode sair algo de bom?" (João 1,45-46).

Nazaré dista pouco menos de sete quilômetros de Séforis, que foi capital da Galileia antes de Herodes Antipas construir sua Brasília da época em homenagem ao imperador Tibério César: Tiberíades, à margem do lago da Galileia. É provável que José e seu filho Jesus tenham trabalhado nas edificações de Séforis e Tiberíades. É curioso constatar que Jesus jamais pisou nesta última cidade, embora fosse visto com frequência em outras localidades à beira do lago, como Cafarnaum e Magdala. Talvez a ostentação da capital da Galileia lhe causasse repulsa.

A própria família de Jesus não o via com bons olhos, como acontece em relação aos filhos que fogem às previsões paternas. Segundo Marcos (3,19-21), quando Jesus voltou para casa, "a multidão se apinhou, a ponto de não poder se alimentar. E quando os seus tomaram conhecimento disso, saíram para detê-lo, porque diziam 'enlouqueceu!'". Na cultura da época, insanidade e possessão do demônio eram quase sinônimos.

Marcos, o primeiro evangelista, prossegue:

Chegaram então a mãe e seus irmãos e, ficando do lado de fora, mandaram chamá-lo. Havia uma multidão sentada em torno dele. Disseram-lhe: "A tua mãe, os teus irmãos e tuas irmãs estão lá fora e te procuram". Ele perguntou: "Quem são minha mãe e meus irmãos?". E percorrendo com o olhar os que estavam sentados a seu redor, disse: "Quem fizer a vontade de Deus, esse é meu irmão, irmã e mãe". (Marcos 3,31-35)

A tentativa de difamar Jesus é perene. Em fins do século II, Celso, filósofo grego, escreveu contra o cristianismo em defesa do paganismo:

Imaginemos o que algum judeu — principalmente se fosse filósofo — poderia perguntar a Jesus: "Não é verdade, meu bom senhor, que você inventou a história de seu nascimento de uma virgem para abafar os rumores acerca das verdadeiras e desagradáveis circunstâncias de sua origem? Não é fato que, longe de ter nascido em Belém, cidade real de Davi, você nasceu num lugarejo pobre de uma mulher que ganhava a vida num tear? Não é verdade que quando sua mentira foi descoberta, sabendo-se que fora engravidada por um soldado romano chamado Panthera, seu marido, um carpinteiro, a abandonou sob acusação de adultério? Não é verdade que, por causa disso, em sua desgraça perambulou para longe de seu lar e deu à luz um menino em silêncio e humilhação? Que mais? Não é também verdade que você se empregou no Egito, aprendeu feitiçaria e se tornou conhecido, a ponto de agora se exibir entre os seus conterrâneos?".

Ao celebrar o Advento e o Natal, a quem esperamos? Um jovem "maluco" oriundo de uma localidade insignificante ou o Deus Salvador? A resposta é simples: basta olhar em volta e indagar-nos que importância damos aos atuais "nazarenos": sem-terra e sem-teto, oprimidos e encarcerados, funcionários subalternos e pessoas destituídas de valor agregado. Segundo Mateus (25,31-46), é neles que Jesus quer ser reconhecido, servido e amado. É por eles que Deus Salvador entra em nossas vidas.

Jesus e seu contexto

A Palestina do tempo de Jesus estava sujeita, em termos atuais, à globalização vigente: desde o ano 63 a.C. era dominada pelo Império Romano. As autoridades nomeadas por Roma exerciam tanto o poder político quanto o religioso. A Judeia era governada pelo procurador Pôncio Pilatos; a Galileia, onde vivia Jesus, por Herodes Antipas; e a Itureia e a Traconites, por Filipe, que se mostrava mais preocupado com suas terras do que com as potenciais ameaças a César. Jesus, para evitar a ira de Herodes Antipas, passava com frequência para o território administrado por Filipe, no qual se sentia menos visado pela repressão.

A opressão romana se firmava na ocupação militar (o Evangelho cita centuriões e Jesus curando o servo de um deles), nos pesados impostos cobrados e na conivência dos políticos judeus. Havia em Israel a expectativa de que Deus enviaria um Messias que viria libertar a nação.

No ano 6, quando Jesus tinha cerca de dez anos de idade, seus olhos viram um cenário trágico: 2 mil rebeldes — seguidores de Judas, o Galileu, que propunha o boicote aos impostos — foram crucificados na Galileia. O partido zelote defendia a luta armada contra os dominadores, e um de seus adeptos tornou-se apóstolo de Jesus: Simão, o Zelote (Lucas 6,15).

João Batista, primo de Jesus, denunciou a corrupção dos políticos e foi degolado. Impactado, Jesus deu continuidade à obra que ele iniciara, anunciando um Reino que não era aquele de César nem correspondia aos projetos das autoridades judaicas de Jerusalém. Ora, pregar um outro reino que não o de César, era tão subversivo quanto, hoje, propor um projeto de sociedade alternativa ao neoliberalismo e à economia de mercado.

Para Jesus, Herodes Antipas não passava de uma "raposa", com quem se recusou a falar quando solicitado a encontrá-lo (Lucas 13,31). Antipas esforçava-se por agradar a judeus e a romanos, pois sua ambição era receber de Roma o título de rei, como acontecera a seu pai, Herodes, o Grande. Bajulador, mandou construir, à beira do lago de Genesaré, a cidade de Tiberíades, assim batizada em homenagem ao imperador Tibério César. Embora quase toda a atividade de Jesus descrita pelo Evangelho ocorresse em torno do lago, não há uma única indicação de que ele tenha posto os pés na metrópole de palácios suntuosos.

Na crítica ao poder, Jesus foi explícito e propôs uma inversão: "Sabeis que aqueles que vemos governar as nações as dominam e os seus grandes as tiranizam. Entre vós não será assim: ao contrário, aquele que quiser ser grande, seja o vosso servidor, e o que quiser ser o primeiro, seja o servo de todos" (Marcos 10,41-45). Portanto, para Jesus, o poder é serviço.

Enquanto as autoridades judaicas dividiam a lógica político-religiosa entre o que é "puro" e o que é "impuro", para Jesus, a dialética era entre o que favorece a todos o direito à vida, dom maior de Deus, e o que sonega esse direito à maioria. Por isso, para salvar a vida de um homem, não temeu precipitar no lago uma vara de 2 mil porcos (Marcos 5,1-20).

Ora, lido hoje, fora do contexto, o episódio pode parecer um gesto caridoso. Foi mais do que isso. Os demônios que saíram do homem diziam-se chamar "legião" e esse era, exatamente, o nome das corporações militares romanas. A ocupação de Israel era assegurada pelas armas da Décima Legião acantonada em Damasco, cujo estandarte — para horror dos judeus, que jamais comem carne de porco — trazia como emblema a figura do animal. Além disso, aquela vara pertencia a um proprietário que não deve ter ficado muito satisfeito quando soube que Jesus, para salvar vidas humanas, não cultuava o direito à propriedade privada. Por isso, o episódio termina por informar que Jesus teve de fugir da cidade para escapar da perseguição.

Ser discípulo de Jesus é assumir seu modo de ver e agir, segundo uma espiritualidade que não foge da conflitividade histórica. Ao se colocar ao lado dos "impuros" — os pobres, os doentes, os publicanos e samaritanos —, Jesus irritou as autoridades judaicas. Ao se recusar a idolatrar a política de César, bajular aqueles que governavam em seu nome e reconhecer seu reino, Jesus provocou a ira dos romanos. Por isso, foi assassinado na cruz.

Sua ressurreição sinaliza, aos olhos da fé das Comunidades Eclesiais de Base da América Latina, que não resta outra alternativa, se queremos um mundo de paz, senão priorizar o direito coletivo à vida, centrar a justiça aos pobres no alvo de nossos projetos, e fazer do amor algo tão radical que estenda um arco da mais íntima relação pessoal à mais abrangente proposta de relações sociais e internacionais.

Jesus e a política

"Não há nada mais político do que dizer que a religião nada tem a ver com a política", disse o arcebispo sul-africano Desmond Tutu, prêmio Nobel da Paz. Na América Latina, não se pode separar fé e política, assim como não seria possível fazê-lo na Palestina do século I.

Na terra de Jesus, quem detinha o poder político possuía também o poder religioso. E vice-versa. Talvez soe estranho a certos ouvidos religiosos introduzir a leitura do Evangelho citando o nome dos políticos que aparecem nos jornais de hoje. No entanto, ao nos introduzir nos relatos da prática de Jesus, Lucas primeiro nos situa no contexto político da época, informando que "já fazia quinze anos que Tibério era imperador romano. Pôncio Pilatos era governador da Judeia, Herodes governava a Galileia e seu irmão Filipe, a região da Itureia e Traconites. Lisânias era governador de Abilene. Anás e Caifás eram os presidentes dos sacerdotes" (3,1-2).

Foi sob o símbolo da cruz que a colonização ibérica na América Latina promoveu o genocídio de milhões de indígenas e o saque das riquezas naturais. Sob a silenciosa cumplicidade da Igreja Católica, mais de 10 milhões de negros foram trazidos da África, como escravos, para o nosso continente. Com a conivência das Igrejas cristãs, instalou-se em nossos países o sistema burguês de dominação capitalista. Portanto, não se trata de vincular fé e política somente quando se refere aos cristãos progressistas.

O fato de fé e política estarem sempre vinculadas em nossas vidas concretas, como seres sociais que somos — ou *animais políticos*, na expressão de Aristóteles —, não deve constituir uma novidade senão para aqueles que se deixam iludir por uma leitura fundamentalista da Bíblia, que pretende desencarnar o que Deus quis encarnado. A fé é um dom do Pai a nós que vivemos neste mundo. No céu, nossa fé será vã, pois veremos Deus face a face. Portanto, a fé é um dom politicamente encarnado, que tem razão de ser nesta conflitividade histórica, na qual somos chamados, pela graça, a distinguir o projeto salvífico de Deus.

Não é possível ignorar em Jesus a íntima relação entre fé e política, ainda que para alguns cristãos pareça estranho aplicar certas categorias àquele que nos assegurou, por sua ressurreição, a vitória, em última instância, da vida sobre a morte e da justiça sobre a injustiça. Que Jesus tinha fé, sabemos pelos textos que falam dos longos momentos que passava em oração (Lucas 4,16; 5,16; 6,12). Ora, só quem necessita aprofundar sua fé se entrega ao encontro orante com o Pai. A oração é para a fé o que o adubo é para a terra ou o gesto de carinho para o casal que se ama. O Evangelho nos fala até mesmo das crises de fé de Jesus, como as tentações no deserto (Mateus 4,1-11; Marcos 1,12-13; Lucas 4,1-13) e o abandono que sentiu na agonia no Horto das Oliveiras (Mateus 26,36-46; Marcos 14,32-42; Lucas 22,39-46).

Há quem insista que Jesus se restringiu a nos comunicar uma mensagem religiosa que nada tem de política ou ideológica. Tal leitura só é possível se reduzirmos a exegese bíblica à pescaria de versículos, arrancando os textos de seus contextos. Ora, não é só o texto que revela a Palavra de Deus, mas também o contexto social, político, econômico e ideológico no qual se desenrolou a prática evangelizadora de Jesus. Mesmo que na consciência de Jesus houvesse apenas motivações religiosas, sua aliança com os oprimidos, seu projeto de vida para todos (João 10,10), tiveram objetivas implicações políticas. Já na introdução de seu evangelho, Marcos mostra como as curas operadas por Jesus — o homem de espírito mau, a sogra de Pedro, os possessos, o homem que sofria de hanseníase, o paralítico, o homem de mão aleijada — desestabilizaram de tal modo o sistema ideológico e os interesses políticos vigentes, que levaram dois partidos inimigos — dos fariseus e dos herodianos — a fazerem aliança para conspirar em torno de "planos para matar Jesus" (3,6). Assim, vê-se que as implicações políticas da ação salvífica de Jesus tornaram-se tão graves e ameaçadoras, que induziram Caifás, em nome do Sinédrio, o supremo poder religioso e político dos judeus, a expressar que era "melhor que morra apenas um homem pelo povo do que deixar que o país todo seja destruído" (João 11,50).

Como situar, no contexto da Palestina do século I, a questão ideológica? Lucas registra que "Jesus crescia tanto no corpo como em sabedoria" (2,52). Era, portanto, um homem de seu tempo e que, segundo Paulo, "pela sua própria vontade abandonou tudo o que tinha e tomou a natureza de servo e se tornou semelhante ao homem" (Filipenses 2,7). A divindade de Jesus não transparecia por uma consciência que pudesse emergir completamente de seu contexto cultural e sobrepairar, onisciente, acima do tempo e do espaço. Tal possibilidade adequa-se à imagem grega de deus e não à imagem bíblica. Jesus era Deus encarnado e possuía a mesma natureza do Pai. Ora, para o Novo Testamento, "Deus é amor. Quem vive no amor vive em união com Deus e Deus vive em união com ele" (1 João 4,16).

Jesus era Deus porque amava assim como só Deus ama. E nisto consiste a nossa imagem e semelhança com Deus: é divina a natureza de todo amor de que somos capazes. E o somos como abertura a Deus, que nos habita mais profundamente do que o nosso próprio eu, e nos faz acolher o próximo. No entanto, nossa consciência, como a de Jesus, permanece tributária de nosso lugar social e de nosso tempo histórico.

Em Jesus, Deus acolheu preferencialmente os oprimidos, em cujo lugar social se encarnou e a partir do qual anunciou a universalidade de sua mensagem de salvação. Não houve neutralidade. Jesus assumiu a ótica e o espaço vital dos pobres. Seu ponto de vista era a vista situada a partir de um ponto, o da Promessa que ressoa como bem-aventurança aos que injustamente foram privados da plenitude da vida.

Há também em Jesus um vínculo profundo entre sua fé e a ideologia apocalíptica, que o fez esperar com tanta expectativa a eclosão do Reino de Deus ainda para a sua geração (Marcos 9,1). Muitos exegetas estão de acordo que a crise maior de Jesus foi constatar que não haveria coincidência entre seu tempo pessoal e seu projeto histórico. O Reino, que se antecipou em sua vida e ressurreição, exigiria a Igreja como sacramento histórico capaz de anunciá-lo, testemunhá-lo e prepará-lo na acolhida do dom de Deus.

Para a teologia da libertação, querer separar religião e política é o mesmo que, numa pessoa, pretender isolar o espírito do corpo. A expansão muçulmana no mundo, o boicote chinês à presença do Dalai-Lama no Tibete, a política israelense frente às nações islâmicas, são questões políticas com fortes ressonâncias religiosas.

Como observa o teólogo Clodovis Boff, "tudo é político, mas a política não é tudo". Ao abrir o Evangelho, constatamos que a vida de Jesus teve implicações políticas antes mesmo de ele nascer. Herodes, temendo o Messias, ordenou a matança das crianças. Para Maria, o filho esperado era a bênção do Senhor que "derruba do trono os poderosos e eleva os humildes; aos famintos enche de bens, e despede os ricos de mãos vazias" (Lucas 1,52-53).

Se a religião nada tivesse a ver com política, João Batista, primo de Jesus, não teria sido preso e assassinado por ordem de Herodes Antipas, que por ele fora denunciado como corrupto (Marcos 6,17--29). Toda a missão de Jesus foi um permanente conflito com as autoridades de seu tempo: escribas, fariseus, saduceus, membros do Sinédrio e da corte romana. O fato de Jesus denunciar a hipocrisia da lei, defender os direitos dos marginalizados, proclamar um Reino que não era o de César, provocou a ira de Herodes (Lucas 13,32).

Quando os apóstolos sugeriram que Jesus despedisse o povo faminto, ele reagiu, obrigando-os a repartir o alimento (Marcos 6,30--44). A oração que Jesus ensina, o "Pai-nosso", deixa claro que não se pode testemunhar que Deus é nosso Pai enquanto não vivermos como irmãos, partilhando os bens da Terra e os frutos do trabalho humano. *Pai nosso/pão nosso*. Deus só pode ser aclamado "Pai nosso" na medida em que o pão não for só meu ou teu, mas nosso, de todos. É o que explica a ausência de preconceitos por parte de Jesus quando se tratava de sentar-se à mesa com pecadores e publicanos, ainda que isso lhe valesse a fama de "comilão e beberrão" (Lucas 7,34; 15,2; Mateus 11,19).

Todo cristão é, portanto, discípulo de um prisioneiro político. Jesus não morreu de desastre de camelo em uma rua de Jerusalém nem de hepatite na cama. Foi assassinado sob dois processos sumários. Era preciso calar aquele que ensinava que sagrado é o ser humano e não o Templo de Jerusalém, o sábado ou o palácio de Herodes em Tiberíades. O cego, o coxo, o pobre Lázaro, bem como Zaqueu e os abastados, são templos vivos de Deus. Nenhuma ordem política pode considerar o direito de propriedade acima do direito à vida. Para a fé cristã, a saúde de um pobre doente vale muito mais que a vara de porcos que Jesus precipitou no lago (Lucas 8,26-33), assim como o direito do sem-terra está acima da propriedade da terra ociosa; o salário do empregado, acima do lucro do patrão; a educação das crianças de rua, acima dos interesses dos bancos.

A Igreja Católica não é um partido político nem pode se confundir com eles. É por razões éticas e pastorais que ela se manifesta sobre política, não por razões eleitorais. Sendo Igreja de homens e mulheres, e não de anjos, tem o dever de velar para que, já neste mundo, todos "tenham vida e vida em abundância" (João 10,10). Foi para isso que Jesus veio restaurar o paraíso criado pelo Pai e subvertido pelo egoísmo humano.

Jesus, ética e poder

Ao falar de ética, falamos de princípios muito arraigados que deveriam existir, não apenas na nossa consciência, mas também nas atitudes. Não é fácil ser ético neste mundo de cultura antiética. Não é fácil ser ético no mundo da "lei de Gerson", de levar vantagem, ser oportunista e praticar corrupção. Cito três exemplos de atitudes rigorosamente éticas. Cada um de nós deve fazer um exame de consciência e se perguntar: *eu, no lugar dessas pessoas, agiria da mesma maneira?*

O primeiro aconteceu há anos em Vila Velha, no estado do Espírito Santo, em um lixão. Dois catadores de papel encontraram, numa caçamba de lixo, sacos de dinheiro provenientes de um assalto a banco. Cuidaram de devolver ao banco e disseram: "Jamais poderíamos dormir em paz se tivéssemos ficado com uma só nota".

Eu teria agido da mesma maneira?

Quando presidente, Lula homenageou, no Planalto, um faxineiro do aeroporto de Brasília que, ao limpar o banheiro, encontrou uma bolsa com 20 mil dólares. Procurou a polícia e, preocupado, disse: "Encontrei esse dinheiro. A pessoa que perdeu deve estar precisando muito!". Tratava-se de um estrangeiro que viera ao Brasil submeter-se a uma cirurgia.

Fica a pergunta no ar: *Minha ética me faria agir dessa maneira ou ainda preciso passar por uma profunda educação ética?*

Sou amigo de um advogado de São Paulo, cuja irmã, uma mulher bonita, foi sequestrada durante três dias. Os sequestradores usaram e abusaram dela. Ao ser libertada encontrava-se em estado tão deplorável que se viu obrigada a passar quinze dias no hospital.

Um mês depois, os sequestradores foram presos. O delegado chamou o advogado e disse: "Eles estão em minhas mãos. Agora quero que o senhor decida que tipo de tortura vamos aplicar neles". O advogado retrucou: "Se o senhor encostar a mão em um deles, vou denunciá-lo ao Ministério Público".

Eu seria capaz de reagir assim? De conter a minha ânsia de vingança? De evitar o olho por olho, dente por dente? Seria capaz de ter a ética de Jesus?

Qual foi a ética de Jesus?

Jesus trata da questão em Lucas 22, a partir do versículo 24. Entre os discípulos houve uma discussão sobre qual deveria ser considerado o mais importante.

Essa discussão ainda continua! Como nos apegamos a qualquer funçãozinha, a ponto de nos despersonalizar! Há quem assuma um cargo de poder — síndico de prédio, gerente de banco, diretor de ONG, tesoureiro de movimento popular — e passa a considerar a função mais importante que a sua própria individualidade. E morre de medo de perder o cargo, o que o faz recorrer a procedimento antiético para se manter no poder.

Jesus disse aos discípulos: "Os reis das nações têm poder sobre elas, e os que sobre elas exercem autoridade são chamados 'benfeitores'. Entre vocês não deverá ser assim; pelo contrário, o maior entre vocês seja como o mais novo, e quem governa, como aquele que serve". Eis o desafio da ética do poder: fazê-lo serviço. Sentir-se no poder como o menor, como aquele que serve.

Temos dois exemplos históricos profundamente evangélicos. O primeiro, Francisco de Assis, do século XIII, fundador da Ordem dos Franciscanos. Nem padre ele quis ser.

Outro exemplo, mais próximo a nós, é o de Ernesto Che Guevara. Após arriscar a vida na guerrilha de Cuba e chegar ao poder, do qual foi ministro duas vezes, abandonou tudo. Anonimamente se meteu nas selvas do Congo e da Bolívia. Morreu escorraçado, faminto, esfarrapado, lutando por um ideal. Quando se tem ética, o ideal que se defende é mais importante que a própria vida. Este é um critério fundamental da ética: dar a vida por aquilo em que se crê.

A segunda passagem está em João 13, a partir do versículo 4. Jesus se levantou da mesa, tirou o manto, pegou uma toalha e a amarrou à cintura; colocou água na bacia e começou a lavar os pés dos discípulos, enxugando-os com a toalha. Chegou a vez de Simão Pedro, que lhe disse: "Senhor, tu vais lavar os meus pés?". Jesus respondeu: "Você agora não sabe o que faço, ficará sabendo mais tarde". Foi contestado: "Tu não vais lavar os meus pés nunca". Jesus respondeu: "Se eu não lavar, você não terá parte comigo!". O apóstolo retrucou: "Então, Senhor, podes lavar, não somente meus pés, mas até as mãos e a cabeça".

Jesus se colocou no lugar do servo, daquele que se humilha, se abaixa, não se envergonha de servir ao próximo. Fez do poder uma forma de serviço, e testemunhou-o na coerência ética, aceitando inclusive a morte na cruz.

A terceira passagem está em Mateus 16, a partir do versículo 13. Em Cesareia de Filipe, Jesus perguntou aos discípulos: "O que diz o povo sobre o Filho do Homem?".

Se temos qualquer poder nos movimentos pastoral, popular, sindical ou partidário, será que algum dia tivemos coragem de perguntar aos companheiros: *O que as pessoas falam de mim?* Possivelmente não, porque pensamos que as pessoas falam de nós o que não gostaríamos que falassem. E morremos de medo de saber o que de fato falam.

É muito difícil fazer como Jesus, que quis saber dos discípulos a opinião das bases, a opinião do povo sobre ele. Eles responderam: "Alguns dizem que é João Batista; outros, que é Elias; outros ainda, que é Jeremias ou algum dos profetas". E Jesus tornou a perguntar-lhes: "E para vocês, quem sou?".

Quem de nós é capaz de perguntar às pessoas com quem trabalhamos: *O que pensam de mim? O que acham do meu desempenho? Quais as críticas que têm a me fazer?* É muito difícil nos deixarmos criticar. Em geral, ao ter uma parcela de poder, ficamos arrogantes, prepotentes, humilhamos os subalternos.

Lembro-me de um companheiro da Pastoral Operária do ABC que, ao ocupar uma função de quinta categoria numa prefeitura eleita pelo PT, só faltou exigir que o chamassem, não de "companheiro", mas de "excelência". Trocou de roupa, casa, mulher e atitudes. Confirmou o que Paulo Freire diz: "A cabeça de oprimido tende a ser hotel de opressor". Se não tomamos cuidado, nossa cabeça hospeda o opressor que tanto criticamos.

A última passagem a comentar é a Parábola do Bom Samaritano, que está no capítulo 10 de Lucas. Um doutor da Lei — portanto, um teólogo — levantou-se para tentar Jesus e perguntou: "Mestre, o que devo fazer para receber a vida eterna?". Nos quatro evangelhos essa pergunta nunca sai da boca de um pobre. Toda vez que alguém pergunta a Jesus o que fazer para ganhar a vida eterna com certeza é alguém que já ganhou a vida terrena e, agora, quer saber como investir na poupança celestial. É a pergunta de Nicodemos, do homem rico, do doutor da lei, de Zaqueu. Nunca um pobre pergunta a Jesus como ganhar a vida eterna. A pergunta dos pobres é outra: "Senhor, o que fazer para ter vida nesta vida? A minha mão está seca e preciso trabalhar, meu olho está cego e anseio por enxergar, minha filha está doente e desejo vê-la curada, meu irmão está morto e quero-o vivo". Os pobres pedem a Jesus vida nesta vida. Aos primeiros, os ricos, Jesus sempre responde com ironia e certa agressividade. Aos pobres, responde com compaixão e misericórdia.

Jesus respondeu ao doutor da Lei: "O que está escrito na Lei?". Como se dissesse: "Você estudou tanto, por que pergunta a mim?". O doutor da Lei recitou: "Ame o Senhor, seu Deus, com todo o seu coração, toda a sua alma, toda a sua força, toda a sua mente, e ao próximo como a si mesmo". Jesus concluiu: "Faça isso e viverá".

O doutor da Lei deu uma resposta de decoreba de catecismo. Ao perceber que pisou no laço que ele mesmo armou, quis se justificar: "Mas quem é o meu próximo?". Então a conversa mudou de figura. Jesus não raciocinava em categorias abstratas. O próximo, para Jesus, não era um ser etéreo, um ET, era alguém concreto.

Era época de festa em Jerusalém, e naquele tempo não existiam cartão de crédito, cheques, transferência bancária eletrônica etc. Quem vendia produtos em Jerusalém descia para Jericó com o bolso cheio de dinheiro.

Eis a resposta de Jesus ao doutor da Lei: "Um homem descia de Jerusalém para Jericó, e caiu nas mãos de assaltantes, que lhe arrancaram tudo e o espancaram. Depois foram embora e o deixaram quase morto".

Possivelmente, aqueles ladrões, levados ao crime pelo desemprego, ficaram irritados porque o pobre homem quase não tinha dinheiro. Então deram-lhe uma surra.

Jesus não fez nenhuma crítica aos assaltantes, mas observou que o sacerdote, que descia pelo mesmo caminho, viu o homem ali caído e foi embora. Depois, desceu um levita, que também passou e seguiu em frente. Talvez tenha se afastado porque tinha de celebrar a missa das seis da tarde em Jericó e, para não se atrasar, deixou de socorrer o homem... Mas, na missa, rezou pela vítima caída na beira da estrada. Incluiu-o nas orações dos fiéis...

É que Jesus não nasceu em Minas, era um pouco sectário, porque quem nasce em Minas sempre dá um jeito de levar em conta as intenções do outro... Jesus era um galileu. Talvez também tenha sido muito severo com o levita porque, coitado, ele não parou por má vontade, tinha que chegar cedo em sua comunidade, participar da oração dos salmos às sete da noite... Uma vez na comunidade, não apenas rezou pelo homem caído na beira da estrada, como telefonou para o diretor do Hospital das Clínicas de Jerusalém e pediu-lhe que enviasse uma ambulância para recolher o homem caído na beira da estrada...

Jesus só levou em conta a ética do samaritano, que não conhecia o homem, não tinha nada a ver com aquele cidadão, mas diante de um oprimido, diante de um caído, diante de um explorado, mudou o rumo do seu caminho para socorrê-lo. Ética é isso! Não é fazer bem apenas a quem encontro no meu caminho. É ser capaz de mudar o rumo do meu caminho na direção dos mais pobres. Conversão não é uma questão de sentimento, é uma questão de sentido, categoria de trânsito — quem vinha caminhando pela direita agora tome o rumo da esquerda.

Este é o profetismo que o Evangelho nos exige: fazer do poder, qualquer forma de poder, serviço. Por isso, ao votar, devemos analisar em que medida o candidato, o partido, o programa que estamos escolhendo, é ferramenta de serviço à libertação dos mais pobres. Este é o critério do Evangelho: trazer vida para todos, e vida em plenitude.

Em nossas atitudes é preciso que sejamos capazes de, não apenas nos ajoelhar, nos colocar a serviço dos demais, mas também, como aquela rigorosa ética dos lixeiros de Vila Velha, do faxineiro de Brasília, do advogado de São Paulo, fazer com que a defesa e a coerência dos nossos princípios estejam acima da preservação da própria vida. Saibamos realmente mudar o rumo da nossa Igreja, da nossa comunidade, do nosso movimento popular, do nosso sindicato, para responder a esta pergunta: estamos trazendo mais vida, ajudamos a reduzir a desigualdade social do Brasil e a promover a reforma agrária, de modo a tornar o país mais soberano e independente? É por aí que deve ir o nosso voto, o nosso esforço político. Porém, lembrando que não basta eleger, precisamos nos convencer de que nós temos o poder. Os políticos são nossos empregados, nós pagamos seus salários e, por isso, temos o direito de exigir que nos prestem contas. Eles têm o dever de nos prestar contas. E lembrem-se: governo é que nem feijão, só funciona na panela de pressão! Temos que eleger e pressionar permanentemente, dialogar, apresentar políticas públicas. Está na hora de, após eleger, não ficar esperando que o eleito faça por nós. É hora de assumir que democracia é o poder do povo com o povo e pelo povo. Temos que governar os políticos e fazer com que governem para o povo.

Jesus e o amor ao próximo

É sempre bom recordar o preceito de Jesus que resume todo o conteúdo da Bíblia e a sabedoria da vida: "Amar o próximo como a si mesmo" (Mateus 22, 39). Eis a essência de todas as religiões e de todas as virtudes.

Não é nada fácil cumprir um mandamento aparentemente tão simples. "Quem é meu próximo?", perguntou a Jesus o doutor da Lei. E ouviu como resposta a Parábola do Bom Samaritano (Lucas 10,25-37).

Todos vivemos permanentemente cercados de "próximos": pessoas que conhecemos pelo nome e com quem mantemos relações de parentesco, vizinhança, trabalho ou amizade. Nem todas são propriamente amáveis. Nossa capacidade de amar é seletiva. Amamos quem nos ama, agradamos quem nos agrada, servimos a quem nos serve.

Há sempre uma reciprocidade que não é necessariamente interesseira. Trata-se de uma questão de empatia, simpatia, afinidade, propósitos e ideais comuns. E sabemos o quanto é difícil manifestar amor aos chatos e inoportunos. Sobretudo aos que se intrometem em nossas vidas sem ser convidados.

Não é nada fácil delimitar onde termina o amor e começa o interesse. Somos todos, sem exceção, um feixe de contradições. Por vezes gostamos de uma pessoa porque ela abastece a nossa autoestima, incensa-nos o ego, tolera os nossos defeitos. Por isso se diz que o verdadeiro amor se conhece nos tempos de vacas magras.

Somos capazes de amar quem nos critica? Ou melhor, recebemos a crítica como ofensa ou como sinal de amor? Há, sim, críticas ofensivas, carregadas de rejeição. Mas quem de nós pede aos amigos que nos manifestem suas críticas?

Pascal afirma que "o homem que só ama a si mesmo, a nada odeia tanto como ficar só consigo mesmo". Pois quando ele se vê, não vê o que acredita que os outros veem nele, e sim a sua inconsistência, o seu vazio, a sua miserável pretensão. Quem se recusa a ser solidário corre o risco de ficar solitário.

Jesus diz que devemos amar o próximo como a nós mesmos. Ou seja, há uma condição para bem amar: gostar de si mesmo! A recíproca é facilmente perceptível: ai de quem se encontra à nossa volta quando estamos mal conosco!

Amar a si próprio nada tem a ver com o nefasto sentimento de arrogância ou prepotência de quem se julga melhor do que os outros. Isso não é amor, é egocentrismo. Amar a si mesmo é ser humilde, palavra que deriva de húmus, terra, e significa ter os pés no chão e não se considerar nem maior nem menor do que ninguém. Sobretudo, é cultivar valores espirituais e, portanto, sentir-se bem consigo mesmo, malgrado as incompreensões e as adversidades, e querer fazer o bem ao próximo.

As mais tradicionais correntes religiosas concordam que o agir humano deveria consistir em jamais fazer aos outros o que não queremos que nos façam. Esse é o mais elementar princípio ético. Jesus o inverteu positivamente. E foi além ao exigir de seus discípulos que amem seus inimigos.

Amar o inimigo não é suportar calado as ofensas, aguentar resignado a opressão, deixar-se explorar sem protestar. É de tal modo querer o bem dele, a ponto de ajudá-lo a deixar de ser arrogante, opressor ou explorador.

66

Assim podemos entender o gesto ousado de Jesus ao derrubar as mesas dos cambistas no Templo de Jerusalém e ainda expulsá-los dali com uma chibata feita de cordas. Tratou de fazê-los descer do pedestal em que se encontravam e obrigou-os a se conscientizar de que a casa de Deus não é um mercado, nem a fé um produto que se negocia.

O amor apoia-se em duas pernas: respeito e justiça. Para consigo, os outros, a natureza e Deus. Mas quem ama de verdade nem precisa pensar no modo de caminhar. Assim como quem respira não se dá conta da inspiração e da expiração.

Jesus e as mulheres

Em uma cultura tão machista quanto a latino-americana, convém ressaltar o trabalho de teólogas como Elsa Támez, Tereza Cavalcanti e Maria Clara Bingemer sobre o relacionamento de Jesus com as mulheres e os desafios de sua postura para nós, hoje.

O evangelista Mateus aponta, na árvore genealógica de Jesus, cinco mulheres: Tamar, Raab, Rute e Maria; e, de modo implícito, a mãe de Salomão, aquela "que foi mulher de Urias". Não é bem uma ascendência da qual um de nós haveria de se orgulhar.

Viúva, Tamar disfarçou-se de prostituta para seduzir o sogro e gerar um filho do mesmo sangue de seu falecido marido. Raab era prostituta em Jericó, onde favoreceu a tomada da cidade pelos israelitas. Rute, bisavó de Davi, era moabita, ou seja, uma pagã aos olhos dos hebreus. A "que foi mulher de Urias", Betsabeia, foi seduzida por Davi enquanto o marido dela guerreava. E Maria era a mãe de Jesus, que também não escapou das suspeitas alheias, pois apareceu grávida antes mesmo de ter relação sexual com José.

Como se nota, Deus entra na história humana pela porta dos fundos.

Em sua atividade pública, Jesus se fez acompanhar pelos Doze apóstolos e por algumas mulheres: Maria Madalena; Joana, mulher de Cuza, o procurador de Herodes; Susana e várias outras (Lucas 8,1). Portanto, o grupo de discípulos de Jesus não era propriamente machista. Além disso, Jesus frequentava, em Betânia, a casa de suas amigas Marta e Maria, irmãs de Lázaro.

Os evangelhos registram vários encontros de Jesus com mulheres. O mais intrigante deles é o seu diálogo com a samaritana à beira do poço de Jacó, a quem só Deus, que é amor, seria capaz de saciar aquele coração peregrino.

O primeiro milagre de Jesus foi para atender ao pedido de uma mulher, Maria, sua mãe, preocupada com a falta de vinho numa festa de casamento em Caná.

Jesus curou várias mulheres, como a aleijada da sinagoga; a filha de Jairo; a que, há doze anos, sofria de hemorragia; a filha da cananeia que deu testemunho de profunda fé etc. Jesus curou também a sogra de Pedro.

Portanto, Pedro, escolhido por Jesus para ser o primeiro papa, era casado, o que tira a força do argumento de quem defende, por razões bíblicas, o celibato obrigatório e o impedimento de acesso de mulheres ao sacerdócio e ao episcopado. E nem se pode alegar que, ao seguir Jesus, Pedro teria abandonado para sempre sua mulher, uma vez que a cura da sogra denuncia o retorno dele e de Jesus à casa da família, em Cafarnaum.

Certa ocasião, Jesus tinha ido comer na casa de um fariseu. Entrou uma mulher "da cidade, uma pecadora", ajoelhou-se a seus pés e, chorando, começou a beijá-los, ungi-los com perfume e enxugá-los com os cabelos. O anfitrião, escandalizado, ficou em dúvida quanto a Jesus. Este, porém, o desmascarou, ao sublinhar que, ao contrário dele, "ela demonstrou muito amor".

A primeira testemunha da ressurreição de Jesus foi uma mulher, Maria Madalena.

O modo de Jesus tratar as mulheres nem sempre coincide com o da Igreja Católica, onde elas são impedidas de acesso ao sacerdócio.

Não há um só caso nos evangelhos em que Jesus tenha repudiado uma mulher, como fez com Herodes Antipas, ou proferido maldições sobre elas, como fez com os escribas e fariseus. Com elas, mostrava-se misericordioso, acolhedor, afetuoso e exaltava-lhes a fé e o amor.

Já passa da hora de a Igreja assumir o seu lado feminino e abrir todos os seus ministérios às mulheres. Afinal, metade da humanidade é mulher. E, a outra metade, filha de mulher.

Mateus, o evangelho da fé militante

O Evangelho de Mateus ocupa lugar de destaque entre as fontes de minha espiritualidade. Sua releitura constante desarma certas racionalizações da mente que me induzem (e seduzem) às conveniências do ego e do espírito individualista da época em que vivemos.

São Francisco de Assis afirmava que se fosse desafiado a salvar um único capítulo da Bíblia escolheria o de número 10, de Mateus, no qual Jesus define o perfil de seus discípulos. Nesse sentido, Mateus é o evangelista da militância cristã.

Embora ocupe o primeiro lugar na ordem dos quatro evangelhos nas edições canônicas do Novo Testamento, Mateus não foi pioneiro ao narrar atos e palavras de Jesus. Precedeu-o Marcos. Mas, ao contrário de Marcos e de Lucas, Mateus e João foram apóstolos, conviveram com o Mestre durante três anos.

Cada um dos quatro evangelhos enfoca Jesus por uma ótica distinta. São quatro diferentes teologias ou modos de entender o mistério de Deus revelado em Jesus de Nazaré. O que comprova não haver nada de novo no fato de uma mesma Igreja, como a católica, abrigar tanto a teologia liberal da Europa quanto a teologia da libertação da América Latina. Jesus é único. Mas o modo de encará-lo varia de um evangelista a outro, de uma época a outra, de uma cultura a outra, de uma confissão religiosa a outra, de uma pessoa a outra.

Essa diversidade tem a ver com o leitor-alvo que o evangelista trazia em mente. Marcos, que destacou os aspectos mais humanos do Nazareno, escreveu para os pagãos ou gentios (assim denominados todos que, na época, não eram judeus). Esse foi também o enfoque de Lucas, cuja ênfase nas curas operadas por Jesus revela sua formação médica.

Mateus é o judeu mais ortodoxo dos evangelistas, a ponto de evitar a expressão "Reino de Deus" (pois os hebreus jamais pronunciam o nome do Altíssimo) e preferir "Reino dos Céus". Ele escreveu para os judeus recém-convertidos ao cristianismo, no intuito de convencê-los de que Jesus, malgrado seu aparente fracasso na cruz, era o Messias esperado por Israel.

TRAÇOS BIOGRÁFICOS DOS EVANGELISTAS

Aspectos biográficos de Lucas, Marcos, Mateus e João são nítidos nos evangelhos. De Lucas sabe-se que era médico, provavelmente oriundo de Antioquia da Síria; acompanhou Paulo em viagens missionárias; e teria recorrido, entre suas fontes de informação, a Maria, mãe de Jesus. Além de seu evangelho, escreveu os *Atos dos Apóstolos*.

De Marcos, supõe-se que era o jovem que, ao prenderem Jesus no Horto das Oliveiras, fugiu nu, deixando nas mãos de um guarda o lençol que o cobria (Marcos 14,51). Reza a tradição que era discípulo de Pedro.

De João, sabemos que era filho de Zebedeu, próspero pescador do lago da Galileia, e irmão de Tiago, que foi apóstolo como ele. Além de uma coleção de cartas que lhe são atribuídas e estão incluídas no Novo Testamento, escreveu o mais intrigante livro da Bíblia, o Apocalipse. O mais jovem entre os Doze, João teria sido o discípulo mais querido do Mestre (João 13,23). Seu evangelho destoa dos outros três pela linguagem mais teológica, alegórica, onde a doutrina emanada de Jesus parece ter mais importância que o relato dos episódios de sua vida.

De Mateus sabemos que era judeu, conhecido por Levi entre os seus, e trabalhava em Cafarnaum, na Galileia, como publicano, ou seja, cobrador de impostos. Tratava-se, pois, de um homem de posses e poder. Ele mesmo registra em seu relato evangélico: "Indo adiante, viu Jesus um homem chamado Mateus, sentado na coletoria de impostos, e disse-lhe: 'Segue-me'. Este levantou-se e o seguiu". (9,9)

Para comemorar sua adesão a Jesus, Mateus ofereceu "uma grande festa" (Lucas 5,29) em sua casa, da qual participaram "muitos pecadores e publicanos" (Mateus 9,10; Marcos 2,15).

O VERDADEIRO MATEUS E SUA VISÃO RELIGIOSA

O Evangelho de Mateus foi escrito em aramaico — o idioma que Jesus falava — e depois traduzido para o grego. O original aramaico perdeu-se. A versão grega compõe-se de 18278 palavras, 1070 versículos e 28 capítulos. É pouco provável que esse relato seja resultado da autoria individual do apóstolo Mateus. A profundidade teológica do texto permite desconfiar de que um publicano, homem de negócios, tivesse formação suficiente para tal empreitada. Fosse ele um escriba ou doutor da Lei como Paulo, a dúvida estaria descartada. Em nenhum momento Mateus reforça o relato assinalando ter sido testemunha ocular de um episódio descrito.

Além disso, os evangelhos não foram produzidos como muitos dos atuais livros, páginas em branco preenchidas pelo esforço de um autor. São sínteses de retalhos de ditos e atos de Jesus, contados e repassados de comunidade em comunidade cristã. É possível que a comunidade primitiva, que deu forma ao texto final conhecido por Evangelho de Mateus, tenha sido fundada pelo apóstolo ou o adotado como seu santo padroeiro.

Entre as fontes bibliográficas deste evangelho, destaca-se o texto de Marcos. Dos 666 versículos do Evangelho de Marcos, Mateus plagiou 510. Marcos narra sobretudo o que Jesus *fez*. Mateus, o que Jesus *falou*. Por isso seu texto é dividido nos cinco grandes discursos ou sermões do Nazareno: o da montanha (cap. 5-7); o da missão (10); o das parábolas (13); o da comunidade eclesial (18) e o do Juízo Final (24-25).

Cerca de 210 versículos do Evangelho de Mateus são tão parecidos com outros de Lucas que nos permitem supor que ambos tiveram acesso a uma fonte comum, que continha palavras de Jesus (a chamada "fonte Q").* Mateus teve ainda acesso a fontes ignoradas pelos outros evangelistas, sobretudo a tradições orais que passavam de uma comunidade cristã a outra, pois 330 versículos de seu texto não se repetem em nenhum outro evangelho. Algumas parábolas, como a da pérola escondida, das dez virgens e do rei que, no fim dos tempos, separará justos e injustos, só aparecem em seu texto, bem como o relato da infância de Jesus, a perseguição de Herodes e os reis magos.

A construção do Evangelho, dividido em 28 capítulos, faz com que se assemelhe a um drama em sete atos:

1. A genealogia de Jesus, seu nascimento e os efeitos políticos da vinda do Messias (1-2);

2. O anúncio público de sua proposta, no Sermão da Montanha (3-7);

3. As orientações para os discípulos e os sinais divinos através de seus milagres (8-10);

4. As dificuldades que os discípulos haverão de encontrar e as parábolas sobre o Reino de Deus (11-13,52);

---

* Q é a abreviatura da palavra alemã *quelle*, que significa fonte. Para elaborar seus relatos evangélicos, os evangelistas Mateus e Lucas usaram, basicamente, duas fontes: o Evangelho de Marcos e a fonte Q, conjunto de frases e pregações de Jesus reunidas pelas primeiras comunidades cristãs.

5. A formação da Igreja, a comunidade dos discípulos liderada por Pedro (13,53-18,35);

6. A perseguição política movida contra Jesus e a reafirmação das promessas de Deus (19-25);

7. A paixão, a morte e a ressurreição de Jesus (26-28).

Como Mateus queria convencer os cristãos que vinham do judaísmo de que Jesus era o novo Moisés e veio realizar todas as promessas de Javé descritas no Antigo Testamento, seu relato é uma costura de citações (mais de sessenta), explícitas e implícitas, dos livros da Lei e dos Profetas. Oscila entre a tradição e a novidade, procurando mostrar que Jesus veio cumprir tudo aquilo que se previa na história anterior dos hebreus, porém com uma liberdade e uma autoridade que permitiam a ele, Filho de Deus, modificar preceitos da lei de Moisés.

Sua genealogia de Jesus é mais hebraica e menos universal que a de Lucas, pois se inicia em Abraão (1,1-17), enquanto Lucas abarca todo o gênero humano a partir de Adão (3,23-38). No entanto, ao contrário de Lucas, Mateus introduziu nomes de mulheres na lista genealógica, o que não era comum à época.

PARADIGMAS DA ESPIRITUALIDADE DE MATEUS

Dois momentos fortes sobressaem no Evangelho de Mateus, afirmando-se como paradigmas da espiritualidade cristã. O primeiro é o Sermão da Montanha, do capítulo 5 ao 7, em que Jesus subverte a ideia de felicidade centrada na posse de riquezas e de poder. "Bem-aventurados" ou felizes são os que têm espírito de pobre, os mansos, os aflitos, os que têm fome e sede de justiça, os misericordiosos, os puros de coração, os que promovem a paz e, inclusive, os perseguidos por causa da justiça.

Recomenda-nos não julgar com dureza, nunca deixar de orar e tratar os outros como gostaríamos de ser tratados. Antes de apresentar nossas oferendas junto ao altar, devemos nos reconciliar com o nosso semelhante; amar os nossos inimigos e rezar por eles; dar esmolas sem alarde; não acumular tesouros na Terra nem pretender servir a Deus e ao dinheiro; confiar na Providência divina e agir conforme os princípios evangélicos, na coerência entre atos e palavras.

O segundo momento forte de Mateus é no capítulo 25, quando descreve o Juízo Final. Em vez de ressaltar catástrofes naturais, o evangelista enfatiza a prática da justiça e o respeito ao direito dos pobres como condições imprescindíveis à salvação. Diz que "quando o Filho do Homem vier em sua glória" (31), porá as ovelhas à sua direita e os cabritos à sua esquerda. E dirá aos primeiros: "Vinde, benditos de meu Pai, recebei de herança o Reino preparado para vós... pois tive fome e me destes de comer, tive sede e me destes de beber, era forasteiro e me acolhestes, estive nu e me vestistes, doente e me visitastes, preso e viestes ver-me" (34-36). Muitos indagarão: "Quando foi que te vimos com fome e te alimentamos?" (37). "O rei lhes responderá: Em verdade vos digo, cada vez que o fizestes a um desses meus irmãos mais pequeninos, a mim o fizestes." (40).

O que chama atenção nesta parábola escatológica é o fato de Jesus identificar-se com os mais pobres e excluídos. Mateus condensa nela toda a mensagem bíblica: servir ao próximo, sobretudo ao desfavorecido, é a melhor maneira de adorar a Deus. É o amor eficaz, que gera vida e supera a injustiça, o critério supremo de salvação.

Ao dirigir-se aos judeus, Mateus procurou separar o joio do trigo. Por isso, num contraponto ao capítulo 10, fez de todo o capítulo 23 um libelo contra os escribas e fariseus, para sublinhar tudo aquilo que o cristão *não deve ser ou fazer*: agir de modo a ser visto; ser tratado como superior; pagar o dízimo, mas não praticar a justiça; ter boa aparência e trazer o coração repleto de iniquidade e hipocrisia; "coar mosquitos e engolir camelos" etc.

Pode-se ler Mateus como se costuma ler outros livros, com olhos e mente percorrendo da primeira à última página. O mais adequado, porém, é lê-lo como recomendavam os monges antigos, "ruminando" no coração cada versículo, deixando as palavras de Jesus ressoarem no espírito, impregnando-se do seu jeito de agir, de tal modo que o texto revire e renove o nosso contexto de vida, infundindo-nos o pretexto para amar a Deus, com fervor e vigor, em nossos semelhantes.

Espiritualidade e moral em Jesus

Ao tratar da espiritualidade, devemos percorrer a via que vai do mais íntimo, a sexualidade, ao mais genérico — o modo como uma sociedade se organiza para assegurar vida à população. Tanto a sexualidade quanto a política são dois polos da mesma equação chamada vida. Esta brota na sexualidade e se viabiliza, como possibilidade humana, nas estruturas sociais, políticas e econômicas.

"Que todos sejam um como Tu, Pai, estás em mim, e eu em Ti" (João 17,21), exclamou Jesus. Total simbiose com a divindade. Aquele que se abre à presença de Deus em sua vida, age como o próprio Jesus agiu — deixa-se conduzir pelo Espírito. Como o profeta, não fala desde sua consciência política, mas desde suas entranhas: "Eis que vou, eu mesmo, seduzi-la, conduzi-la ao deserto e falar-lhe ao coração" (Oseias 2,14). Se nos abrimos a ele, Deus nos seduz, nos conduz e nos fala ao coração.

Certa tradição cristã atrelou a espiritualidade à moralidade, confundindo e dificultando as coisas. Por exemplo, a ideia de que Deus habita o cume da montanha que devemos escalar, levando às costas a pedra das virtudes morais. No meio da subida, pecamos, a pedra rola, obrigando-nos ao eterno recomeço, como no mito de Sísifo...

Outra "saída" para quem se cansou de carregar a pedra das culpas, sem nunca encontrar Deus, é a indiferença religiosa. Arrancar de seu universo psicológico a terrível dialética dos três pês: prazer-punição-prêmio.

Jesus ensinou que Deus não está "lá em cima". O príncipe de Florença perguntou a Galileu se ele havia visto Deus através de seu telescópio. Diante da resposta negativa, retrucou: "Como quer que eu acredite em seu invento se ele não enxerga Aquele que habita os céus?". Ao que Galileu respondeu: "Se Deus não se encontra no coração de cada um de nós, ele não se encontra em lugar nenhum".

Na espiritualidade evangélica não há montanhas a escalar nem atestado de boa moral para se aproximar de Deus. Há Deus, que é Pai/Mãe amoroso e nos ama independentemente do que fazemos, desde que abramos o coração a seu amor, como o comprovam a Parábola do Filho Pródigo (Lucas 15,11-32) e o encontro de Jesus com a samaritana (João 4,1-42).

Há lei para tudo, menos para o amor, estava escrito na traseira de um caminhão na Via Dutra. O árabe que obriga sua filha a casar com o vizinho é capaz de impor sua vontade, mas jamais fazer com que ela o ame. A liberdade é a condição do amor. Em nossa liberdade, podemos acolher ou não o amor de Deus. Ele, porém, sempre nos ama, pois amar é a essência mesma de seu ser.

Na Parábola do Filho Pródigo, o moço comportado, que ficou em casa trabalhando com o pai, não teve festa. O outro, que saiu de casa, dilapidou a herança com prostitutas, foi recebido com festa e sem ter que se desculpar. Bastou o pai vê-lo retornar para mandar preparar o churrasco. "Foi Deus quem amou primeiro", diz são João (1 João 4,10). A iniciativa do amor é de Deus.

No episódio da mulher adúltera, cercada por homens com pedras nas mãos (a lapidação era a pena de morte aplicada pelos judeus), antes de indagar o que ela fez ou quem era ela, Jesus primeiro a acolheu. Depois, perdoou-a (João 8,1-11).

O eixo da espiritualidade de Jesus era a experiência do amor de

Deus, e o compromisso com aqueles que estavam nas escalas mais baixas da estrutura social.

Uma característica interessante do amor de Jesus aparece no episódio do encontro com o homem rico (Marcos 10,17-22). Este indagou o que fazer "para ganhar a vida eterna". Jesus respondeu: "Você conhece os mandamentos", e recitou-os. O homem confirmou que, desde pequeno, cumpria todos. Marcos então sublinha que "Jesus o amou" para, em seguida, acrescentar que ele recomendou ao homem: "Vai, vende os teus bens, distribui aos pobres e, depois, vem e me segue". Diz o Evangelho que "o homem foi embora triste e aborrecido porque era muito rico".

O curioso é que Jesus, tendo-o amado, foi exigente com ele. Eis aí o conceito de amor de Jesus: quem ama é verdadeiro com o outro. Quem não é verdadeiro consigo mesmo e com o outro não ama de fato. Faz concessão, deixa correr solto, passa a mão na cabeça, mas não ama. Amar é fazer bem ao outro, ainda que isso doa muito. Jesus, ao amar, levava as pessoas a encontrar a verdade, mesmo que isso criasse nelas antipatia por ele, como foi o caso dos fariseus.

Jesus não nos pediu que não tenhamos inimigos, e sim que os amemos (Mateus 5,44). O que é amar o inimigo? Lutar para que ele também se torne aberto ao projeto do Reino. Não se trata de libertar somente a classe trabalhadora, mas toda a sociedade, incluindo os opressores. Ajudar a libertá-los da vida indigna, dos falsos valores, da condição de exploradores, dos preconceitos, das concepções monstruosas que trazem na cabeça sobre a divisão social.

Jesus tinha fé como nós temos. Muitos imaginam que, sendo Deus, o homem Jesus teria a visão beatífica do Pai, como quem carregasse dentro de si a contemplação direta da face divina. Ora, tal ideia é condenada pela Igreja como herética, por negar a união hipostática Deus-homem em Jesus. Não se pode aceitar que ele era Deus por dentro e homem por fora. Era totalmente Deus e totalmente homem, por dentro e por fora.

Os evangelhos mostram Jesus rezando em particular (Lucas 9,18 e 28). Por que Jesus frequentava o Templo de Jerusalém ou a sinagoga de Nazaré? Para orar. Diz ainda o Evangelho que Jesus costumava passar "a noite inteira em oração a Deus" (Lucas 6,12). Seu hábito era rezar à noite ou pela manhã, bem cedo.

Se Jesus rezava é porque tinha fé. Quem tem a visão beatífica de Deus já não precisa rezar.

Lucas registra que Jesus crescia, enchia-se de sabedoria e se fortalecia em espírito (1,80; 2,40). Se crescia, não nasceu pronto. Sua fé evoluiu como a nossa. E, aos poucos, foi se dando conta de sua missão. A ideia do Menino Jesus rindo sozinho de seus amiguinhos — "eu sou Deus e eles não percebem" — é pura fantasia.

Seria o mesmo que o filho de um arquiteto argentino dizer quando criança: "Um dia serei o Che Guevara, participarei da libertação de Cuba, e quem sabe da América Latina". Ora, tudo que sabemos do Che é de trás para a frente, do fim para o início. Também tudo que sabemos de Jesus é através de um "filme" rodado ao contrário. O ponto alto é a ressurreição. A partir dela seus discípulos procuraram resgatar toda a sua vida, da maturidade à infância.

Paulo diz, na Carta aos Filipenses, que em tudo Jesus era igual a nós, exceto no pecado. Em tudo ele assumiu a condição humana (2,6--8). Jesus tinha inclusive sexualidade, pois isso é parte integrante da natureza humana. Negar a sexualidade de Jesus é tão ridículo quanto construir fantasias a seu respeito. Ele próprio deixou claro que trabalhou sua sexualidade optando pelo celibato em função do projeto do Reino (Mateus 19,10-12).

Jesus tinha inclusive ideologia, a ideologia apocalíptica de seu tempo. O Evangelho nos conta suas crises ideológicas, quando percebeu que não poderia mais restringir sua missão aos judeus, mas deveria estendê-la também aos pagãos. Essa tensão prolongou-se na comunidade primitiva, provocando intensa polêmica entre Pedro e Paulo, conforme relato dos Atos dos Apóstolos e da Carta aos Gálatas (2,11-14).

Pedro estava convencido de que o pagão, para tornar-se cristão, deveria antes converter-se ao judaísmo. Até que teve a visão de Jope e compreendeu que aqueles que considerava impuros, os pagãos, eram puros aos olhos de Deus (Atos 11,1-18). No primeiro concílio da Igreja, em Jerusalém, no ano 51, a questão foi discutida e o colégio apostólico deu razão a Paulo, confirmando que o cristianismo é uma religião católica, o que significa "universal" ou, na expressão atual, "globalizada".

A espiritualidade de Jesus era a espiritualidade do conflito. Conflitos marcaram a sua vida do início ao fim. Do nascimento, com a matança dos bebês por ordem do rei Herodes, à fuga para o Egito e à morte na cruz. Conflitos internos, como as tentações no deserto e as crises de fé; conflitos com adversários, como os fariseus e os doutores da Lei; com autoridades, como Herodes Antipas; com seus próprios companheiros, como Pedro; conflitos políticos e econômicos.

Jesus teve, inclusive, conflitos com a própria família, que achou que ele tinha ficado louco. Mesmo os discípulos cederam a essa suposição, ao ouvi-lo falar de sua própria morte. Pedro deu uma de mineiro e pôs panos quentes: "Nada disso vai acontecer". Jesus ficou tão irritado que chamou o amigo pelo nome do inimigo: "Afasta-te de mim, satanás!" (Marcos 8,33).

A espiritualidade de Jesus tinha como nota principal o compromisso com os pobres. Por que fez opção pelos pobres? Ninguém escolhe ser pobre. Todo pobre é, de fato, um empobrecido, vítima da injustiça social. A pobreza é sempre um estado de carência e não há, na Bíblia, um só versículo que diga que ela é agradável aos olhos de Deus. Ser pobre é ter sido privado dos bens essenciais à vida. E a vida é o dom maior de Deus. Portanto, a pobreza é um mal, fruto da injustiça. Porém, o pobre é bem-aventurado porque Deus assume a sua causa.

Uma leitura atenta do Evangelho indica que, na casa de Jesus, entra, de preferência, quem é pobre ou faz opção pelo pobre. Curiosa a reação dos que não eram pobres — o doutor da Lei, o homem rico etc. — quando encontraram Jesus: "O que devo fazer para ganhar a vida eterna?". Mesmo em se tratando da salvação, predominava o interesse individual. Ao contrário, os pobres que encontravam Jesus queriam saber como assegurar vida nesta vida: enxergar, poder usar a mão, reviver, andar, curar a filha ou deter a hemorragia.

Jesus trazia vida concreta, física, material, como sinal da vida em plenitude prometida por Deus. Nesse sentido, sua revelação de Deus tinha ressonâncias políticas. O Deus no qual Jesus acreditava não admite nenhuma ordem política que negue o direito à vida.

No capítulo 9 do Evangelho de João, os fariseus tentam convencer o cego de que sua deficiência é fruto do pecado. "Ou você pecou ou seus pais pecaram." Jesus se contrapôs, sinalizando que Deus não pode ser culpado por doenças, pois ele quer vida para todos.

Hoje, a polícia não persegue os pastores que fazem cura. Porém, as curas de Jesus suscitaram a ira de seus inimigos, que planejaram seu assassinato (Marcos 3,6). Ao contrário desses pastores que legitimam a (des)ordem social que impede os pobres de terem acesso ao médico, Jesus, ao curar, introduzia uma nova ótica das coisas e uma outra visão de Deus.

Na espiritualidade de Jesus, os pobres são sujeitos da história. Porém, não só os que trabalham, os "proletários", mas também os que não têm trabalho, nem saúde, moral ou equilíbrio psicológico. Jesus ressaltou a dignidade de todo ser humano, independentemente de raça, sexo, religião ou condição social.

Para o Evangelho, todo ser humano é revestido de sacralidade. Nas ideologias — liberalismo e marxismo — uns são mais dignos do que outros. Até são Paulo apelou para essa discriminação ao alegar sua condição de "cidadão romano" para escapar da tortura (Atos 25, 21). Sem dúvida, ao universalizar a plena dignidade de todo ser humano, Jesus operou a mais profunda revolução cultural, pois ainda hoje fatores raciais, sexuais, econômicos, políticos, étnicos e sociais dividem os seres humanos em "mais importantes" e "menos importantes".

Inúmeras vezes o Evangelho assinala que Jesus apreciava a solidão, sobretudo quando queria orar (Lucas 5,16; 6,12). Mas não era uma pessoa solitária. Ao contrário, ele mesmo decidira viver em comunidade com o grupo de discípulos, no qual havia também mulheres (Lucas 8,1-3).

Jesus nada tinha do pregador ambulante que percorre sozinho cidade por cidade. Ele deu consistência organizativa, comunitária a seu projeto, formando uma equipe de militantes de frente — os apóstolos — e um movimento de irradiação, os 72 discípulos. Era com eles e através deles que Jesus anunciava o Reino de Deus. No entanto, havia momentos em que ele queria estar só, recobrar forças, orar no silêncio do coração.

Os discípulos compreendiam e respeitavam o jeito de ser do Mestre. Deixaram-no só junto ao poço de Jacó, mesmo porque não era do feitio dele cuidar de tarefas administrativas. Preferia que a infraestrutura da missão ficasse a cargo de seus companheiros. Judas cuidava da caixa comum, auxiliado por mulheres como Maria Madalena, Juana e Suzana, e Pedro coordenava o grupo. Jesus dedicava-se mais diretamente ao anúncio do projeto de Deus para a humanidade.

O encontro de Jesus com a samaritana, descrito no capítulo 4 do Evangelho de João (1-42), é um dos relatos mais intrigantes da Bíblia. Nele transparece o fundamento moral da espiritualidade de Jesus. E põe por terra todo moralismo.

Jesus descansava à beira do poço de Jacó, na Samaria, enquanto os discípulos dirigiram-se à cidade para comprar mantimentos. Ele ficou só, como era de seu gosto e costume. Uma mulher veio apanhar água no poço aberto por Jacó e seus filhos, próximo a Sicar. Jesus tomou a iniciativa de dirigir-se a ela. Com certeza, como em toda sociedade patriarcal, a mulher não estranhou que, estando só, um homem a abordasse. Se o temesse não teria se aproximado. Porém, não se tratava de uma indefesa donzela que morria de medo de cruzar com um homem em algum lugar ermo. Era uma mulher vivida, que já tivera vários casamentos. Estranho seria que aquele homem solitário ficasse mudo e indiferente à presença dela. Ela conhecia a linguagem silenciosa e insinuante, pronunciada pela atrativa alteridade sexual, que percorre a distância que separa um homem de uma mulher.

Jesus interpelou a mulher. Ela não estranhou a abordagem do desconhecido; pareceu-lhe raro é que ele, sendo judeu, dirigisse a palavra a uma samaritana. Via-se pelo sotaque que era judeu. E judeus e samaritanos não se suportavam nem se falavam. Como ele, sendo judeu, ousava falar com uma samaritana?

Ele não se justificou. Mostrou, na prática, que era um judeu diferente, que não alimentava preconceitos contra os habitantes da Samaria.

Tratava-se de um judeu excepcional, pois não abriu a boca para dizer galanteios a uma mulher solitária. Queria conversar com ela. Saber por que ia buscar água no poço de Jacó, e àquela hora, cerca do meio-dia, quando o sol está mais quente.

A pergunta soou a ela tão absurda quanto indagar a uma mulher por que vai ao mercado fazer compras. Com certeza, no futuro, as casas teriam terminais de compras pelos quais as mercadorias chegariam na mesma rapidez com que forem pedidas, sem a obrigação de sair de casa. Essa ideia, que hoje pode parecer fantasiosa, talvez seja equivalente à suposição de que aquela samaritana pudesse imaginar que, no futuro, não mais seria preciso sair de casa para apanhar água. Chegaria através de canos, bastando abrir uma rosca chamada torneira para vê-la jorrar...

Uma mulher previdente não espera a hora mais quente do dia para ir buscar água. Vai pela manhã, em companhia de suas amigas e vizinhas. Se aquela mulher o fazia na hora imprópria era porque, com certeza, preferia, por alguma razão, evitar o olhar das outras mulheres.

Jesus garantiu à samaritana saber como livrá-la daquele cansativo trabalho. Conhecia um poço de água viva, que jamais seca.

Aqui o diálogo se deu em níveis diferentes: ele emitia na frequência da subjetividade e, ela, na da objetividade. Jesus queria seduzi-la para a causa do Reino. E o jogo da sedução implica sempre diferentes níveis de discursos que se intercalam. O da objetividade é pragmático, enquanto o da subjetividade rompe a película que nos protege e toca o cerne do ser.

Ele e ela falavam de água e de poço, mas não falavam da mesma água e do mesmo poço.

Contudo, a sedução de Jesus tinha uma característica muito própria: não queria transformar o objeto da sedução em sua presa, nem fazer de si presa da mulher seduzida. Jesus não queria possuí-la. Queria dar-se a ela. E, como um artista, metaforizou a realidade, oferecendo água viva que a livraria da labuta diária de ir ao poço, numa hora tão imprópria, para livrar-se da censura dos olhares alheios, pois era uma mulher de muitos homens.

Ela aceitou o que ele propôs e indagou onde encontrar tal poço. Aqui o diálogo atingiu o seu ponto mais delicado. O jogo machista da sedução se valeria da curiosidade feminina para induzi-la à armadilha. Porém, Jesus reverteu toda expectativa e sugeriu o inusitado, que ela fosse chamar seu marido. Nenhum homem interessado em conquistar uma mulher faria tal sugestão. Agora os dois discursos alcançam a mesma frequência. A película estava rompida, mas não havia ameaça, só promessa. E esta não se armava como uma tenda excludente, mas se ampliava para incluir um outro que estava ausente e, no entanto, se fazia presente pelos vínculos que uniam a mulher a ele.

"Eu não tenho marido" — disse a mulher (4,17). Ela se abriu com o desconhecido. Ele reconheceu que ela contara a verdade: "Falaste bem — 'não tenho marido' — pois tiveste cinco maridos, e o que agora tens não é teu marido; nisso falaste a verdade" (4,17-18). Ele captou o que pressentira, como se ela dissesse: "Tenho tanta sede de amor que estou no sexto homem... até encontrar um que me satisfaça".

Um cristão legalista jamais captaria a mensagem contida nas entrelinhas da confissão da mulher, pois só escuta com os ouvidos, não sabe ouvir com o coração. Brandiria a lei para denunciar a mulher e o seu pecado.

O moralismo consiste em apontar pecados e disseminar culpas lá onde Jesus fazia emergir a graça e derramar misericórdia. Homem estéril, o moralista odeia quem ousa cavar poços para encontrar água. Prefere engolir a própria saliva ou morrer de sede a sujar as mãos para ver o que há no fundo da terra.

Jesus mostrou-se avesso a todo moralismo. Ouviu o que a samaritana revelava e não a acusou de prostituta ou adúltera. Nem proferiu um ortodoxo sermão sobre a fidelidade conjugal ou a estabilidade do matrimônio. Acolheu-a como mulher e samaritana. Ultrapassou também a terceira esfera do preconceito vigente: aceitou-a em sua irregular vida conjugal.

Não que ele aprovasse a rotatividade conjugal, essa dilacerante experiência de quem não descobriu o amor ou, tendo-o descoberto, não se sentiu emocionalmente preparado para assumi-lo.

Jesus sabia que por trás de casos como o dela residiam não perversas intenções promíscuas, mas dramas reais, sinceros, de pessoas sedentas, que sorvem copos mas não se sentem preparadas para mergulhar em poços. Supor que casamentos desmoronam devido à mera voracidade sexual de um dos parceiros é ceder à hermenêutica pornográfica. A reificação consumista transforma as relações pessoais em relações de troca, deteriorando os valores éticos, a densidade subjetiva e, portanto, as relações de dom. O amor passa a ser uma temeridade, e a atração física se sobrepõe à difícil e fascinante arte de tecer sentimentos e projetos.

O que interessava a Jesus não era propriamente quantos homens teve a mulher. Era se ela agia com veracidade. "Nisso falaste a verdade...", retrucou ele. Ela não disfarçou sua sede. Não deixara de procurar o poço definitivo, acomodando-se nos estreitos limites da mediocridade imposta pelos preconceitos sociais. Sua sede era voraz e, sua busca, veraz. Após o sexto homem, o buraco no centro do coração permanecia aberto. Ferida que não se fecha com objetos, riquezas, prazeres ou poder. Só o amor é capaz de cauterizá-la e transfigurá--la. E o amor é mais do que a atração que uma pessoa exerce sobre outra. É mais que os sentimentos que uma relação desperta. Amar é deixar-se possuir *por dentro* por outra pessoa, a tal ponto que a presença do outro torna-se em mim determinante e passa a ser a razão de ser da minha vida. Isso a samaritana ainda não havia encontrado. E é justamente essa água viva, que se bebe do próprio poço, que Jesus ofereceu-lhe.

Naquele encontro, Jesus revelou-se como o Messias pela primeira vez. E o fez, não a uma santa, a um homem reconhecidamente justo ou a um piedoso religioso, mas a uma mulher samaritana de vida irregular. A alguém que não disfarçava o buraco no centro da alma nem procurava tapá-lo com derivativos.

Ele ofereceu a ela o dom de Deus. O próprio Deus. E, ao fazê-lo, promoveu uma revolução religiosa: deslocou a adoração a Deus dos lugares naturais (monte Garizim, na Samaria) e dos lugares culturais ou cultuais (Templo de Jerusalém, na Judeia), para centrá-lo no coração humano. Agora, "os verdadeiros adoradores adorarão o Pai em espírito e verdade" (4,23). Deus não era mais alguém lá em cima, no cume das montanhas, das árvores frondosas ou das estepes silenciosas. A natureza estava definitivamente dessacralizada. Era entregue para que o trabalho humano pudesse também humanizá-la, libertando-a dos extremos de querer divinizá-la ou sujeitá-la aos imperativos do lucro. Deus também não era mais prisioneiro do Santo dos Santos ou dos sacrários das Igrejas. Habita agora o coração humano.

Ainda que a beleza de uma flor, o voo dos pássaros ou a imensidão do mar suscitem vertigens transcendentes e possuam caráter sacramental, Deus não se confunde com os sinais de sua obra.

Na resposta de Jesus à samaritana, ele libertou Deus dos templos e das Igrejas. Deus não é propriedade privada das religiões e dos padres. Não se esconde nos sacrários nem exige a inefável harmonia do canto gregoriano. Não se encontra prisioneiro de nenhum lugar cultural, nem privilegia este ou aquele espaço político. Ao dessacralizar a natureza e a cultura, Jesus exaltou o coração humano como o único lugar onde Deus realmente deve ser encontrado. É aqui, no mais íntimo do nosso coração, que ele habita. O poço não está fora, mas dentro de nós. Basta cavar, quebrar a superfície dura que impede o transcendente aflorar e a água viva jorrar.

"Adorar em espírito e verdade" significa servir a Deus objetiva e subjetivamente. Essa revolução religiosa, que coloca o ser humano no centro e no eixo da revelação divina, desnudando a natureza e a cultura de todo fetiche, derrubando catedrais e modelos autocráticos de Igreja, confirma a insistente advertência dos profetas do Antigo Testamento, de que Javé não deve ser procurado nas montanhas, nos carvalhos ou nos bezerros de ouro. Ao contrário do que supunha Freud, não se tratava de exigir dos hebreus uma abstração da imagem divina. Mas de evitar a alienação religiosa centrada nos cultos que idolatravam o que era mera obra da natureza ou do trabalho humano. E, em contrapartida, realçar este ídolo de Deus palpável, concreto, imediato, criado à sua imagem e semelhança, e no qual ele quer ser amado e servido: o próximo, especialmente os mais pobres.

Ao dessacralizar a natureza e a cultura, a Bíblia divinizou o ser humano, sacramento de Deus.

Adorar "em espírito" significa deixar que o Espírito de Deus se faça nosso espírito. Viver a subjetividade na constante oblação amorosa. Saber-se templo vivo de Deus. De fato, estamos todos inseridos, por Cristo, na comunhão trinitária. Para saborear esse manancial, basta perfurar o poço escondido no peito.

Adorar "em verdade" é assumir a dimensão objetiva de nossa adesão ao projeto do Reino. Jesus não pediu que deixássemos de ser pecadores, mas que fôssemos verdadeiros, ou seja, coerentes no que cremos e vivemos. Jesus ensinou que não nos salvamos pelo não pecar, mas pela misericórdia do Pai, a quem devemos suplicar "não nos deixeis cair em tentação, mas livrai-nos do mal".

Quando os discípulos retornaram das compras, viram que Jesus conversava com a samaritana. Por respeito a ele, ninguém ousou perguntar de que falavam. Jesus também não deu explicações nem se justificou. Não era de seu feitio ficar aparando arestas para maquiar a própria imagem. Acostumara-se a todo tipo de especulações a seu respeito, e mesmo a difamações.

Jesus não perdia tempo em querer ficar bem com todo mundo. Preocupava-lhe a fidelidade ao Pai e aos pobres. Ora, quando se quer ficar bem com todos, de fato se procura estar bem com quem está por cima na escala social, pois a opinião de quem está por baixo não tem ressonância e, portanto, não incomoda.

Na abertura do coração ao Espírito, que o mantinha em comunhão com o Pai, Jesus experimentava o amor, livre de convenções sociais e de vaidades pessoais. Quem não é carente não mendiga afeição e, com efeito, não se molda à opinião alheia, mas procura corresponder à pessoa amada. Só assim há verdadeira liberdade de espírito. E no Espírito.

A mística de Jesus

Por mais que as escolas espirituais do Ocidente antigo tenham a ensinar, bem como as obras dos místicos cristãos, é no Evangelho que se encontram os fundamentos da mística cristã. Jesus não buscou a reclusão dos monges essênios nem se pautou pela prática penitencial de João Batista (Mateus 9,14-15). Ele se engajou na conflitividade da Palestina de seu tempo, onde não havia distinção entre religião e política.

O Filho revelou o Pai andando pelos caminhos; seguido por apóstolos, discípulos e mulheres; acolhendo pobres, famintos, doentes e pecadores; desmascarando escribas e fariseus; cercado por multidões; fazendo-se presença incômoda nas grandes festas em Jerusalém; perseguido e assassinado na cruz como prisioneiro político.

Dentro dessa atividade pastoral, com fortes repercussões políticas, Jesus revelou-se místico, ou seja, como alguém que vivia apaixonadamente a intimidade amorosa com o Pai (Marcos 14,36). Seu encontro com Deus não exigia o afastamento da pólis, apenas abertura de coração à vontade divina.

Fazer a vontade de Deus é a primeira disposição espiritual do místico. Essa vontade não se descobre pela correta moralidade ou pela aceitação racional das verdades da fé. Antes de ser uma conquista ética, a santidade é um dom divino. Portanto, nas pegadas de Jesus, o místico centra a sua vida na experiência teologal; sua conduta e sua crença derivam dessa relação de amor que tem com Deus. Teresa de Ávila dirá isso com outras palavras: "A suprema perfeição não consiste, obviamente, em alegrias interiores, nem em grandes arroubos, visões ou espírito de profecia, mas sim em adequar nossa vontade à de Deus" (Fundações, 5,10).

A oração é o hábito que nutre a mística. Mesmo Jesus reservava, entre sua atividade, momentos exclusivos de acolhimento do Pai em seu espírito. "Permanecia retirado em lugares desertos e orava" (Lucas 5,16). Para aprofundar a fé, a oração é tão importante quanto o alimento para nutrir o corpo ou o sono para recuperar energias. No entanto, mesmo dentre o ativismo das grandes cidades, os cristãos encontram tempo para comer e dormir. Por que não ocorre o mesmo com a oração?

No Ocidente, perderam-se os vínculos que nos ligavam às grandes tradições espirituais. Somos herdeiros de um cristianismo racionalista, fundado no aprendizado de fórmulas ortodoxas, bem como pragmático, voltado à promoção de obras ou ao desempenho imediato de tarefas. A dimensão de gratuidade — essencial em qualquer relação de amor — fica relegada a momentos formais, rituais, de celebrações, sem dúvida importantes, mas insuficientes para fazer da disciplina da oração um hábito que permita penetrar os sucessivos estágios da experiência mística. Resgatá-la é, hoje, um desafio e uma graça.

As tentações de Jesus

Lucas narra (4,1-13) que, antes de iniciar sua missão, Jesus foi conduzido ao deserto da Judeia pelo Espírito Santo, para um período preparatório de quarenta dias. Note-se que não foi o Maligno que atraiu Jesus para o deserto. Foi Deus, que exige de nós momentos de exclusividade, de intimidade, como há entre um casal que se ama. É a oração, a meditação, a contemplação. E Jesus gostava de estar a sós com Deus, como assinala Lucas tantas vezes (4,42; 5,16; 6,12).

Note-se também que Jesus, ao dirigir-se ao deserto, encontrava-se "cheio do Espírito Santo" (4,1). Não estava fragilizado, nem atordoado pelo silêncio de Deus. Ao contrário, sentia-se em pleno vigor espiritual. Nem por isso deixou de passar por tentações. Pois elas não acontecem apenas quando estamos espiritualmente fragilizados. O limite entre sentir-se "cheio do Espírito Santo" e o narcisismo espiritual é muito tênue. Ele se quebra quando julgamos que a nossa espiritualidade é superior à do outro e, como o fariseu, acreditamos que estamos mais próximos de Deus do que o publicano...

Para Isaías, o deserto era o refúgio dos demônios (13,21; 34,14). Ali Jesus foi posto à prova, como os hebreus nos quarenta anos vividos no deserto após o Êxodo. Passou por três tentações. Na primeira, foi desafiado a transformar pedras em pães, ou seja, usar seu poder divino em benefício próprio, deixando de cumprir a missão que o Pai lhe confiara. Jesus manteve-se fiel, pois não era a sua fome que deveria, primeiro, ser saciada, mas a do povo ao qual se colocava a serviço, sem fazer distinção entre a fome de pão e de beleza, de pão e de Palavra, conforme narra o episódio da multiplicação dos pães (Marcos 6,30-44).

Na segunda tentação, Jesus foi desafiado a transferir ao Maligno a fidelidade prometida a Deus. Teria poder e glória se abandonasse o caminho da cruz, a via do servo de Javé, e abraçasse as ilusões desta vida. Jesus reafirmou sua fidelidade ao Pai. Só ele merecia ser cultuado. Nada nem ninguém mais.

Na terceira tentação, Jesus foi desafiado a negar sua condição humana, suas limitações como alguém que "crescia em sabedoria, em estatura e em graça" (Lucas 2,52), e a utilizar seus poderes em prol da arrogância, quebrando as mediações salvíficas da presença divina em nossa história.

As três tentações concernem ao prazer (pedra em pão), ao poder (possuir os reinos da Terra) e ao ter ou à vaidade ("se és Filho de Deus atira-te..."). E o relato de Lucas encerra registrando que "o diabo o deixou até o tempo oportuno" (4,13). Ou seja, as tentações sempre retornam em nossa vida. Mas se soubermos não priorizar o prazer, fazer do poder serviço (Lucas, 22,26), e nos livrar da vaidade e da prepotência, admitindo nossas limitações e falhas, a nossa fidelidade ao projeto de Deus sairá fortalecida.

O processo de Jesus

Boa parte dos evangelhos se ocupa em descrever o processo de Jesus e a sua Páscoa, passagem da vida à morte e da morte à vida (terna e eterna).

O curioso é que tudo tenha sido tão sumário: menos de 24 horas entre a quinta-feira, 6 de abril de 30, e a tarde do dia seguinte. É bem verdade que a panela já estava no fogo desde 28, quando Jesus, nas pegadas de seu primo João Batista, saiu a pregar um reino que não era o de César — e sim de Deus.

Desde 63 a.C. o Império Romano dominava a Palestina com a conivência das autoridades judaicas, representadas pelo Sinédrio, a máxima instância religiosa e econômica de Israel (a política era ditada por Roma). Em 27, João iniciou sua pregação independente no vale do rio Jordão. Sem papas na língua, o filho de Isabel e Zacarias, sacerdote do Templo, denunciou a corrupção das autoridades, em especial de Herodes Antipas, governador da Galileia, que abandonara a mulher, a nabateia filha do rei Aretas, para juntar-se a Herodíades, mulher de seu irmão Filipe Herodes.

Por capricho de Herodíades e fraqueza de Antipas, João foi preso, o que impeliu Jesus a ocupar-lhe o lugar de pregador itinerante. Em

28, João foi degolado no palácio de Antipas e sua cabeça exibida como troféu em uma festa. Jesus, à margem do Templo e da Judeia, formou o seu grupo de discípulos e, em nome de Deus, operou curas, perdoou os pecados, reformulou a lei de Moisés, conclamou à mudança de vida — uma "blasfêmia" aos olhos do Sinédrio.

Como judeu devoto, malgrado sua independência do Templo, eixo da vida israelita, Jesus frequentava a sinagoga aos sábados e subia da Galileia à Judeia por ocasião das grandes festas judaicas. Em abril de 30, foi até Jerusalém para comemorar a Páscoa, a libertação dos hebreus escravos no Egito de Ramsés II, em 1250 a.C. Por considerá-lo blasfemo e temer seu crescente prestígio, o Sinédrio decidiu matá-lo. Contudo, os romanos tinham, temporariamente, suspendido o direito judaico de aplicar a pena capital, o apedrejamento. Por isso, Anás e Caifás conduziram Jesus à presença do governador da Judeia, Pôncio Pilatos, que, por ocasião das festas, se deslocava de Cesareia, onde vivia, até Jerusalém.

Pilatos ficou aborrecido. Havia ido para uma festa, e o Sinédrio apresentou-lhe um réu de morte. Interrogou-o e não constatou nada de grave, exceto a inveja das autoridades judaicas perante a crescente fama do profeta nazareno. Tentou convencê-las a soltá-lo e, inclusive, propôs-lhes em troca o indulto a Jesus Barrabás, preso por subversão a César e, por isso mesmo, simpático aos judeus tão desejosos de se livrarem do jugo romano.

A resistência do Sinédrio fez Pilatos tentar outra saída: sendo Jesus galileu, que o julgasse Herodes Antipas, governador da Galileia, que também se encontrava em Jerusalém para a festa. Antipas sequer conseguiu arrancar de Jesus umas poucas palavras e, enfadado, devolveu o réu a Pilatos. Acuado pelo Sinédrio, o governador lavou as mãos e, por conveniência política, condenou Jesus à morte na cruz.

Prisão, testemunhas, torturas, interrogatório e condenação ocorreram na madrugada de quinta para sexta, e ao amanhecer. Na tarde de sexta, Jesus morreu extenuado pelas sevícias e sufocado pelo peso do próprio corpo, sem apoio na cruz para esvaziar e encher os pulmões.

Dois dias depois, seu corpo desapareceu do sepulcro, onde havia sido colocado por José de Arimateia. No dia seguinte, e nos próximos quarenta dias, ele apareceu vivo aos discípulos, na Judeia e na Galileia. Era a Páscoa, a nova e definitiva passagem da opressão à liberdade, da morte à vida.

A ressurreição de Jesus é um convite à nossa, ainda nesta vida. Livrar-nos de todos os sinais de morte — injustiça, conformismo, desalento, desesperança — e abraçar a justiça, o sonho, a utopia, a esperança, sem os quais o amor não passa de um sentimento inócuo.

O evangelho segundo Barrabás

Todos sabemos que a choldra preferiu libertar Barrabás e condenar Jesus, como narra o Evangelho. Os romanos ocupavam a Palestina no século I; suas leis previam que, por ocasião da festa judaica da Páscoa, um prisioneiro seria indultado. O curioso é que, horas antes, à entrada de Jerusalém, a multidão havia aclamado Jesus: "Bendito o filho de Davi! Bendito o que vem em nome do Senhor" (Lucas 19,38).

Jesus Barrabás era discípulo de Judas, o Galileu, líder do partido dos sicários que, acusado de promover uma rebelião contra os impostos cobrados por Roma, morreu crucificado quando Jesus se encontrava na adolescência. Sobre Barrabás pesava a acusação de ter matado um soldado romano no outono anterior, o que lhe angariava simpatias aos olhos dos judeus contrários à ocupação romana.

Teria a multidão sido tão volúvel? Por que entregar agora à condenação aquele que saudara ao vê-lo entrar no Templo pela Ponte de Xisto, montado num jumento? Tudo faz supor que a turba que acolheu Jesus como sucessor do rei Davi, hasteando palmas, não era a mesma que se encontrava na Fortaleza Antônia, onde ele foi julgado por Pilatos. Faz sentido. Em via pública, junta-se qualquer um. Nas dependências de um edifício que servia de palácio ao governador romano só ingressavam os credenciados, os "amigos da casa". E com certeza não eram pessoas dispostas a contrariar as autoridades.

Jesus nos intriga. Ele é o anti-herói. Jamais escreveu um livro, atuou em apenas três anos, entrou na história pela porta dos fundos, desafiou as autoridades de seu tempo. Se os homens sonham em ser reis e os reis gostariam de ser deuses, em Jesus Deus se fez homem. Ninguém marca tão profundamente a cultura ocidental quanto o Nazareno.

A existência do filho de Maria e José dá asas à imaginação. Não apenas no best-seller *O Código da Vinci*, de Dan Brown, um *Harry Potter* para adultos. Já nos primeiros séculos de nossa era, uma centena de evangelhos foi publicada, atribuídos a Pedro, Tomé, Filipe, Matias, Barnabé, Maria Madalena etc. Agora vem a público um de suposta autoria de Judas, cujo autor procura salvar a sua má fama, tentando justificar que o apóstolo-tesoureiro teria agido de comum acordo com Jesus.

O bispo Gelásio, falecido em 496, publicou um texto conhecido por *Decreto gelasiano*, no qual condena ao menos sessenta textos considerados apócrifos. Na lista não aparece o *Evangelho de Judas*, sinal de que não devia ser muito popular.

Não duvido que surja amanhã o *Evangelho de Jesus Barrabás*. O agitador teria deixado um relato no qual afirma que sua prisão fora uma farsa montada para apressar a condenação de Jesus. Ou que seu indulto foi comprado a peso de ouro por seus companheiros sicários de um Caifás corrupto, o mesmo que pagara as trinta moedas a Judas, e que teria insuflado a turba contra Jesus.

Acho curioso constatar que muitos indagam "quem foi Jesus?" e "quem matou Jesus?", quando as perguntas pertinentes são "o que fez Jesus?" e "por que condenaram Jesus?". Dessas interrogações muitos fogem como o diabo da cruz. Sabem que as atitudes de Jesus nos interpelam, questionam e incomodam. Sua opção pelos pobres, a crítica à ganância dos ricos, a exigência de amar os inimigos, são no mínimo desconfortáveis para uma sociedade centrada no sonho da opulência, canonizadora da apropriação privada da riqueza e prenhe de ódio frente aos adversários.

Jesus foi assassinado como prisioneiro político, não por ter sido traído ou porque Deus, Pai sanguinário (na versão de Mel Gibson), quis se comprazer ao ver o Filho contorcer-se na cruz. A pena de morte adotada pelos romanos, a crucificação, o atingiu porque sua militância ameaçou a estabilidade do regime político e econômico vigente na Palestina. "Não compreendeis que é melhor que só um homem morra pelo povo a perecer toda a nação?", indagou o Sumo Sacerdote (João 11,50).

Somos cúmplices de Barrabás quando acorrentamos o Jesus que nos habita, os valores evangélicos paradigmáticos de uma ética fundada no respeito à sacralidade do próximo e da natureza, e preferimos a competitividade à solidariedade, a vingança à compaixão, o ódio ao amor. Eis uma maneira muito em voga de escrever o *Evangelho segundo Barrabás*.

Transfiguração

Os evangelhos de Mateus (17,1-9), Marcos (9,2-8) e Lucas (9,28-36) descrevem a transfiguração de Jesus. No alto do monte Tabor, seu rosto "mudou de aparência e sua roupa ficou muito branca e brilhante" (Lucas 9, 29). Encontrava-se ali em companhia de Pedro, Tiago e João. "Uma nuvem os cobriu com a sua sombra. Dela ressoou uma voz: 'Este é o meu filho amado'."

No cume da montanha, a emoção divina transbordou. A declaração de amor ecoou para banir todas as teologias necrófilas que se tecem de lágrimas e tristezas.

Apaixonado, Deus "os cobriu". Pai a agasalhar o filho, amado a fecundar a amada, divino e humano fundidos numa só pessoa.

O Espírito de Deus levara Jesus ao êxtase. Encontrara, afinal, a resposta à indagação que o poeta, séculos depois, lançaria no refrão de um canto: *o que será que será, o que não tem governo nem nunca terá?*

Transfiguram-se os apaixonados, que teimam em cessar os ponteiros do tempo no infinito, e os loucos, ao exibir o lado avesso do inconsciente. Transfiguram-se os poetas ao garimpar palavras, e os que se sabem alcançados pelo perdão. Transfiguram-se os que se perdem embevecidos pelo clarão da lua e quem se despe do pudor de sorrir.

Transfigura-se sobretudo o místico, deixando-se povoar por um Outro que não é ele e, no entanto, desborda-lhe a verdadeira identidade. Então, a semente explode em fruto, a porta em caminho, o gesto em carícia.

A radical vocação do ser humano é transfigurar-se. Superar a própria figura — o peso narcísico do ego, o apego aos bens finitos, o reflexo ilusório de si no jogo de espelhos que nos deturpa o perfil, seduzindo-nos a ser o que não somos. Lamento agônico de Fernando Pessoa: "Fui o que não sou".

Nas vias da transfiguração reinam as trevas cantadas por João da Cruz: "Oh noite que juntaste/ Amado com amada/ amada já no Amado transformada". Eco da exclamação paulina, séculos antes: "Já não sou eu que vivo, é Cristo quem vive em mim" (Gálatas 2,20).

Quem não centra o desejo para dentro de si, tateia, em vão, na busca insaciável de derivativos. Há o que dilata a consciência, mas não o coração. Mina a autoestima de quem se sabe encerrado num cárcere sem lado de fora. O consumismo reificador a incendiar a vaidade em chamas de celofane. O poder a inebriar quem adora brincar de Deus e sonega a alteridade arrancando da manga o valete da superioridade.

Transfigurar-se é ascender a ladeira íngreme do Tabor até mergulhar a cabeça na nuvem do não saber. É um aspirar sem querer, acreditar sem ver, esperar sem ter, dar-se sem possuir. É reduzir todos os pontos cardeais do ego ao seu núcleo central: o amor.

Orar, não como quem repete incessantes palavras, como se Deus fosse surdo. Mas como quem ouve o silêncio, apalpa o mistério, abre-se à paixão divina, que nunca nos é negada.

Transfigurado, Jesus entrou em sintonia com Moisés e Elias. Reatou os fios que unem passado e presente, velho e novo, profecia e evento, promessa e epifania. Sarça ardente, cavalos de fogo e a ternura materna de um Pai manifestada ao filho dileto — cacos de um vitral diáfano.

Pedro, João e Tiago não queriam afastar-se dali. Propuseram armar tendas, como amantes que teimam em não abandonar o leito onde a volúpia do espírito explode na liturgia dos corpos.

Jesus, porém, convenceu-os de que inebriar-se de Deus não é um luxo espiritual. Nem a recompensa meritória a uma vida pautada pela mais rigorosa moral.

Deus não é um prêmio a ser entregue a uns poucos eleitos. É uma dádiva, abundante como a mais torrencial tempestade. Para encharcar-se dela é preciso "descer" até o próximo, pois falso é o amor que não faz o outro sentir-se amado.

Sinal de contradição

A Igreja Católica celebra, a 6 de janeiro, a apresentação de Jesus no Templo de Jerusalém. O episódio é narrado pelo evangelista Lucas (2,22-40). Segundo a lei mosaica, todo primogênito era consagrado a Deus, e a mãe devia comparecer ao Templo ou à sinagoga para purificar-se.

Pobres, Maria e José só puderam ofertar um par de rolinhas ou dois pombinhos. Médico, Lucas recheia seu evangelho de detalhes próprios de um autor sensível aos desfavorecidos. E acrescenta uma nota de ternura: havia no Templo um santo homem, Simeão, já idoso, que tomou o Menino nos braços e exaltou-o como "luz para iluminar as nações".

Havia também uma mulher de 84 anos, Ana, viúva, mãe de sete filhos, que fizera do Templo uma extensão de sua casa e ali passava os dias em jejuns e orações.

Após abençoar a criança — prática que os idosos de hoje vão abandonando, infelizmente —, Simeão advertiu Maria: "Este menino será um sinal de contradição". Sim, esperava-se um Messias com o esplendor real de Davi, e o que veio foi o filho de um casal de gente simples do povo que, rejeitado em Belém, viu-se obrigado a trazê-lo à luz num pasto, qual um sem-teto.

João, o Batista, tinha os olhos voltados para o passado e exortava o povo a arrepender-se de seus pecados. Jesus mirava o futuro e anunciava o Reino de Deus — imagem utópica da promessa de que, enfim, a vida haverá de prevalecer sobre a morte e a justiça sobre a opressão.

Diante da mulher, que andava pelo sexto marido, Jesus não fez o discurso moralista para livrá-la da rotatividade conjugal. Ao contrário, ensinou que devemos aprender a beber do próprio poço que trazemos no mais íntimo de nós.

Ao ver condenarem a mulher adúltera, Jesus indagou quem não tinha pecado para arvorar-se em juiz. E perdoou-a, obrigando os acusadores a olharem o próprio umbigo.

Ter fé em Jesus é fácil. *O desafio é ter a fé de Jesus.*

Jesus era sinal de contradição porque pregou uma mensagem espiritual e morreu assassinado; trouxe a salvação afirmando que viera, não para os santos, mas para os pecadores; não separou fé e justiça, Pai nosso e pão nosso, graça de Deus e partilha dos bens essenciais à vida.

À mesa com Jesus

Sabe-se em detalhes os hábitos e costumes da Palestina do século I, onde viveu Jesus. A comensalidade constitui, ainda hoje, uma forte expressão da cultura judaica. Estar em torno da mesa é antecipar o deleite eterno. Porque a mesa é o lugar da nutrição da vida e da comunhão de espíritos. É desolador comer sozinho, não ter com quem dialogar e partilhar o alimento. E Jesus não fugia à regra. Vários episódios de sua vida são descritos em torno da mesa, bem como imagens de suas parábolas tomam como símbolo a refeição.

No cardápio das famílias mais ricas constavam, em dias de festa, pastéis de língua de cotovia, filhotes de antílope fritos no azeite e omeletes de ovos de avestruz, regados a vinho, ostras, ganso assado com molho de fungo e cebolas, bezerro ao alho e, de sobremesa, bolo de maçã com mel.

Jesus jantou na casa de Mateus, o cobrador de impostos que se tornou seu discípulo e, mais tarde, autor de um dos quatro evangelhos. É possível que à mesa houvesse grão-de-bico, carneiro de Moab com favas, cordeiro de Hebron com salada de agrião, e figos secos importados de Chipre. Em pequenos potes de terracota, os temperos: coentro, cominho, endro, hortelã, arruda, mostarda e sal.

No casamento em Caná, Jesus deve ter visto um servo tomar em mãos uma das jarras de vinho e aspergir gotas da bebida nas comidas sobre a mesa: guisados de ovelhas; cordeiros acebolados; peixes grelhados temperados com nozes; sêmola com açafrão; empadão de frango com azeitonas pretas; patês de fígado; e grão-de-bico. Para adoçar a boca, romãs, melancias da África, passas e ovos batidos com mel e canela.

Nas famílias pobres tostavam-se grãos para serem comidos como trigo seco e sopa de favas e lentilhas temperadas em azeite e alho. Mas aqueles que tinham melhor situação podiam oferecer a seus convivas azeitonas da Pereia, suco de maracujá e bolinhos sem fermento untados de azeite; pães de trigo, legumes, tâmaras e frutas secas.

Jesus criticava os fariseus por purificarem o exterior do copo e do prato e, por dentro, estarem cheios de rapina e perversidade. Por isso os advertiu com rigor: "Transmitis ao povo vossa obsessão por abluções e desperdiçais horas e dias a debater que tipo de água é adequada para lavar as mãos. No entanto, trazeis o coração gordo de imundícies e a mente aninhada de serpentes" (Marcos 7,1-22).

Na última ceia, com certeza Jesus encontrou o cordeiro pascal contornado por alface, chicória, agrião e ervas amargas. Acomodou-se com seus discípulos em almofadas e tomou em mãos o cálice de vinho e deu graças: "Tu és bendito, Javé, nosso Deus, rei do universo, que crias o fruto da videira". Em seguida, segurou o pão sem fermento: "Tu és bendito, Javé, nosso Deus, rei do universo, que fazes sair o pão da terra".

PAI NOSSO/ PÃO NOSSO

Não há melhor símbolo que o pão para simbolizar a vida. Alimento universal, é encontrado na mesa de quase todos os povos ao longo da história, seja feito de trigo, milho, mandioca, centeio, cevada ou qualquer outro grão ou tubérculo. E possui uma propriedade especial: come-se todos os dias, sem enjoar.

"Eu sou o pão da vida", definiu-se Jesus (João 6,48). Porque o pão representa todos os demais alimentos. E a vida, como fenômeno biológico, subsiste graças à comida e à bebida. São os únicos bens materiais que não podem faltar ao ser humano. Caso contrário, ele morre.

No entanto, é no mínimo vergonhoso constatar que, hoje, segundo a FAO, mais de 1 bilhão de pessoas vivem, no mundo, em estado de desnutrição crônica. Isso em países ditos cristãos, muçulmanos, budistas... Para que serve uma religião cujos fiéis não se sensibilizam com a fome alheia? Por que tanta indiferença diante dos povos famintos? O que significa adorar a Deus se ficamos de costas ao próximo que padece fome? (1 João 3,17)

Jesus fez da partilha do pão e do vinho, da comida e da bebida, o sacramento central da comunidade de seus discípulos — a eucaristia. Ensinou que repartir o pão é partilhar Deus. Na Palestina do século I havia miseráveis e famintos (Mateus 25,34-45; Lucas 6,21). Muitos empobreciam em decorrência da perda de suas terras, do peso das dívidas, dos tributos exigidos pelo poder romano, dos dízimos cobrados pelas autoridades religiosas. Diante disso, Jesus assumiu a causa dos pobres e promoveu um movimento indutor da partilha dos bens essenciais à vida (Marcos 6,30-44), onde o fio condutor é o alimento e, em especial, o pão.

Desde o início de sua militância, a partilha do pão foi a marca de Jesus (Lucas 1,53; 6,21). A comensalidade era a expressão vivencial mais característica de sua espiritualidade, para a qual havia uma íntima relação entre o Pai (o amor de Deus e a Deus) e o pão (o amor ao próximo).

Partilhar o pão era um gesto tão característico de Jesus que permitiu que os discípulos de Emaús o identificassem (Lucas 24,30-31). E a ceia tornou-se o sacramento por excelência da presença e da memória de Jesus (Marcos 14,22-24; 1 Coríntios 11,23-25).

O pão — eis o símbolo (= aquilo que une) mais expressivo da prática de Jesus, a ponto de transubstanciá-lo em seu corpo. E todo pão que se oferece a um faminto tem caráter sacramental (Mateus

25,34). É ao próprio Jesus que se oferece. Às vésperas de sua morte, Jesus antecipou-nos a sua ressurreição ao dividir com seus discípulos, na ceia, o pão e o vinho. Ele se deu a nós. Ao partilhar o pão (significando todos os bens da vida) nós nos damos a ele. Eis o sentido evangélico da comunhão. É o que retrata a Parábola do Filho Pródigo, na qual o perdão é celebrado em torno da comida, o "novilho gordo" (Lucas 15,11-32).

Pão — bem essencial à vida, dom maior de Deus, que se fez carne e se fez pão, a ponto de Jesus afirmar "o pão que eu darei é a minha carne para a vida do mundo" (João 6,51). Se já não temos, entre nós, a presença visível de Jesus, ao menos adotemos, como sinal de sua presença, isto que ele mesmo escolheu na última ceia — o pão. Sinal de que somos também seus discípulos, empenhados em tornar realidade, para todos, "o pão nosso de cada dia", os bens que imprimem saúde, dignidade e felicidade à existência humana.

Última ceia

Nessa Última Ceia sentarei à mesa farta e estenderei, aos semelhantes, travessas repletas de misericórdia. Servirei, em abundância, o cardápio da saciedade: de entradas, hinos e flores, para que a alegria plenifique o coração de cada comensal. Como prato forte, efusão espiritual recheada de mistério, para que os sentidos se calem e a razão, prostrada, reverencie a sabedoria. De sobremesa, uma noz e, dentro dela, um labirinto e, em sua porta, um sino e, em seu badalo, o reflexo da lua e, em seu brilho, o rosto interior de cada convidado.

O vinho terá o gosto das liturgias salmodiadas por cordas e címbalos. Todos haverão de se embriagar de Deus. Serão invadidos por tamanha lucidez que já não poderão distinguir o dentro e o fora, o acima e o embaixo, a esquerda e a direita. O feio se fará bonito e o que se julga belo expressará o horror. O frio terá o calor da fervura e o quente será tão gélido quanto uma montanha de neve.

Estarão à mesa a escória e o escárnio, o sorriso patético dos imbecis e o ódio escancarado dos algozes, a fúria de vingança e a pérfida arrogância da indiferença. Convidarei o desamor e a crueldade, o abuso e a injúria, a insípida ilusão de quem se ama acima de todas as pessoas e a efêmera riqueza dos que somam e multiplicam atacados pela amnésia que lhes furta a ventura de subtrair e dividir.

Quero que todos à mesa provem o veneno da própria alma ou deixem seus espíritos transbordarem em taças cheias de luz. Farei um brinde à compaixão e pedirei um minuto de silêncio para que cada um se envergonhe da existência contrária à sua essência. Haverá, então, tanta música e dança e festança que os pares levitarão de olhos fechados.

Nessa Última Ceia, molharei o pão em azeite novo e ofertarei ao primeiro que arrancar as sandálias e, de pés nus, caminhar à beira do tatame sem provar a vertigem do medo. Premiarei a fé, a cegueira da mente, a noite escura que prenuncia o reverso dos versos. Entregarei, assim, a amante ao amado, e um coro de anjos celebrará a união de corpos transmutada em alucinação do espírito, o sexo sorvido como ágape, o imponderável voejando em tão acelerado ritmo que já não haverá Norte ou Sul, Leste ou Oeste, porque a Rosa dos Ventos estará girando desvairadamente.

Louvarei o discípulo amado por sua humilde fidelidade aos sonhos que lapidam sua realidade, como quem cultiva um fruto que nasce na direção do fundo da terra ou uma ostra indiferente ao seu futuro de pérola. E beijarei aquele que haverá de trair-me, não porque o decepcionei, mas por trazer ele, impregnado nas entranhas, essa pusilanimidade que impede certas pessoas de serem fiéis a si mesmas. Não o rejeitarei, ele não será vítima de meu opróbrio. Deixarei que ele trafegue dividido pela vida, ora amigo, ora inimigo, amável hoje, detestável amanhã, até que possa juntar os cacos espalhados por seu caminho e compor o vitral de sua dignidade resgatada.

Nessa Última Ceia abençoarei o pão e o vinho, as moléculas do trigo e da uva, e os átomos e os neutrinos e todas as partículas elementares, e os quarks invisíveis e indivisíveis. E na composição do Universo, detalhe por detalhe, será elevada ao mais alto dos céus a hóstia cósmica de meu corpo embebido no sangue que imprime vida a todas as galáxias. Então, todos os olhos verão que sou tudo em todos, uno e trino, pessoa e substância, identidade e mistério. Sou o que se é, o limite intransponível da negação.

Quando a noite cair e do cordeiro não restar senão os ossos, ofertarei como alimento Deus transubstanciado em corpo e sangue, pão e vinho. Terei ressuscitado antes de morrer e farei da vida a mais preciosa dádiva da Criação.

Alimentados por mim, todos saberão que a Última Ceia é sempre a próxima, pródiga comemoração do amor, singelo gesto, aqui e agora, que assim tece os fios que enlaçam, envolvem e fundem tudo e todos, amorosamente. Ou inexiste e, portanto, padece.

Para quem guarda o apetite por aquilo que transcende o paladar e cultiva a gula por luminescências, todas as ceias serão primeiras, e sairão delas ainda mais famintos, porém saciados de felicidade.

Bibliografia

BARRERA, Julio Trebolle. *A Bíblia judaica e a Bíblia cristã — introdução à história da Bíblia*. Petrópolis: Vozes, 1996.

BERGER, Klaus. *Qumran e Jesus*. Petrópolis: Vozes, 1994.

BOFF, Leonardo. *Jesus Cristo, libertador*. Petrópolis: Vozes, 1976.

BONNARD, Pierre. *L'Évangile selon saint Matthieu, Delachaux et Niestlé*, Paris: Neuchatel, 1970.

BORNKAMM, Günther. *Qui est Jésus de Nazareth?* Paris: Éditions du Seuil, 1956.

BRAVO, Carlos S.J. *Galilea año 30, historia de un conflicto*. México: CRT, 1989.

BUCKLAND. *Dicionário Bíblico Universal*. São Paulo: Vida, 1981.

CARAVIAS, José Luís S.J. *Biblia, Fe, Vida*. Colômbia: Clar, 1988.

CHARLESWORTH, James H. *Jesus dentro do Judaísmo (novas revelações a partir de estimulantes descobertas arqueológicas)*. Rio de Janeiro: Imago, 1992.

CHOURAQUI, André. *A Bíblia: Marcos (O Evangelho Segundo Marcos)*. Rio de Janeiro: Imago, 1996.

_____ . *A Bíblia: Matyah (O Evangelho Segundo Mateus)*. Rio de Janeiro: Imago, 1996

_____ . *A Bíblia: Lucas (O Evangelho segundo Lucas)*. Rio de Janeiro: Imago, 1996.

COMBLIN, José. *O enviado do Pai*. Petrópolis: Vozes, 1974.

CONGAR, Yves. *Jesus Cristo*. Lisboa: União Gráfica, 1969.

CROSSAN, John Dominic. *O Jesus histórico — a vida de um camponês judeu no Mediterrâneo*. Rio de Janeiro: Imago, 1994.

DUQUESNE, Jacques. *Jesus, a verdadeira história*. São Paulo: Geração, 1995.

FAULHABER, Cardeal Miguel. *Figuras femininas na Bíblia*. Salvador: Mensageiro da Fé, 1951.

FREYNE, Sean. *A Galiléia, Jesus e os evangelhos*. São Paulo: Loyola, 1996.

GLAIRE, J.-B. *Introduction historique et critique aux livres de l'Ancien et du Nouveau Testament*. 4. ed. Paris: A. Jouby et Roger, 1868.

GORGULHO, Frei Gilberto S.; ANDERSON, Ana Flora. *A justiça dos pobres — Mateus*. São Paulo: Paulinas, 1981.

GRAVES, Robert. *Eu, Claudius, imperador*. São Paulo: Círculo do Livro s/d.

_____ . *Claudius o Deus e Messalina*. Porto Alegre: Globo, 1940.

HOORNAERT, Eduardo. *O movimento de Jesus*. Petrópolis: Vozes, 1994.

JEREMIAS, Joachim. *Jerusalém no tempo de Jesus (Pesquisas de história econômico-social no período neotestamentário)*. São Paulo: Paulinas, 1983.

_____ . *Isto é o meu corpo*. São Paulo: Edições Paulinas, 1978.

_____ . *Teologia do Novo Testamento*. São Paulo: Edições Paulinas, 1977.

JOSEFO, Flávio. *História dos hebreus — 3 vols*. São Paulo: Editora das Américas, 1956.

KEENAN, Ruth. *La cuisine de la Bible*. Paris: Éditions de la Martinière, 1995.

LAGRANGE, Marie-Joseph. *L'Évangile de Jésus-Christ*. Paris: Lecoffre-J. Gabalda, 1939.

LUDWIG, Emil. *Jesus, o filho do homem*. Rio de Janeiro: L. A. Josephon Editor, 1938.

MAURIAC, François. *Vida de Jesus*. Porto: Editora Educação Nacional, 1937.

MATEOS, J.; CAMACHO, F. *Jesus e a sociedade de seu tempo*. São Paulo: Paulinas, 1992.

MEIER, John P. *Um judeu marginal — repensando o Jesus histórico*. v. 1. Rio de Janeiro: Imago, 1992.

_____ . *Um judeu marginal — repensando o Jesus histórico*. v. 2. Rio de Janeiro: Imago, 1996.

MEHLMANN OSB, D. João, *História da Palestina nos tempos do Novo Testamento*. v. 2. São Paulo: Coleção da *Revista de História*, 1961.

MESTERS, Carlos. *Jesus e o povo*. São Leopoldo: CEBI, 1995.

MYERS, Ched. *O Evangelho de são Marcos*. São Paulo: Paulinas, 1992.

NOLAN, Albert. *Jesus antes do cristianismo*. São Paulo: Paulinas, 1987.

PARROT, André. *Le Temple de Jérusalem*. Neuchatel: Delachaux & Niestlé Éditeurs, 1962.

PRIMAVESI, Anne. *Do Apocalipse ao Gênesis*. São Paulo: Paulinas, 1996.

RADERMAKERS, Jean. *Au fil de l'évangile — selon saint Matthieu*. Bruxelas: Institut d'Etudes Theologiques, 1974.

REICH, Wilhelm. *O assassinato de Cristo*. 3. ed. São Paulo: Martins Fontes, 1987.

RENAN, Ernest. *Vida de Jesus*. 4. ed. Livraria Chardron. Porto: 1915.

REVISTA CONCILIUM. "Quem dizeis que eu sou?" nº 269. Petrópolis: Vozes, 1997/1.

RICHARD, Pablo. *O homem Jesus*. São Paulo: Moderna, 1992.

ROCHA, Mateus. *Quem é este homem?* 6. ed. São Paulo: Duas Cidades/Polis, 1994.

ROPS, Daniel. *Jesus no seu tempo*. Porto: Tavares Martins, 1953.

SCHILLEBEECKX, Edward. *Jesus — la historia de un Viviente*. Madri: Cristiandad, 1981.

SCHLESINGER, Hugo; PORTO, Humberto. *Jesus era judeu*. São Paulo: Paulinas, 1979.

SCHWANTES, Milton. *E o Verbo se fez carne e acampou entre nós — Notas para o estudo da História do Povo de Deus*. São Leopoldo: CEBI/13, 1988.

SEGUNDO, Juan Luis. *A história perdida e recuperada de Jesus de Nazaré — dos sinóticos a Paulo*. São Paulo: Paulus, 1997.

THEISSEN, Gerd. *A sombra do galileu*. Petrópolis: Vozes, 1989.

WOLFF, Hanna. *Jesus na perspectiva da psicologia profunda*. São Paulo: Paulinas, 1994.

Obras de Frei Betto

EDIÇÕES NACIONAIS

1 — *Cartas da prisão* — 1969-1973. Rio de Janeiro: Editora Agir, 2008. Essas Cartas foram publicadas anteriormente em duas obras — *Cartas da Prisão* e *Das Catacumbas*, pela Editora Civilização Brasileira, Rio de Janeiro. *Cartas da Prisão*, editada em 1974, teve a 6ª edição lançada em 1976.

2 — *Das catacumbas*. Rio de Janeiro: Civilização Brasileira, 1976 (3. ed., 1985) — esgotada.

3 — *Oração na ação*. Rio de Janeiro: Civilização Brasileira, 1977 (3. ed., 1979) — esgotada.

4 — *Natal, a ameaça de um menino pobre*. Petrópolis: Vozes, 1978 — esgotada.

5 — *A semente e o fruto, Igreja e Comunidade*. 3. ed. Petrópolis: Vozes, 1981 — esgotada.

6 — *Diário de Puebla*. Rio de Janeiro: Civilização Brasileira, 1979 (2. ed., 1979) — esgotada.

7 — *A Vida suspeita do subversivo Raul Parelo* (contos). Rio de Janeiro: Civilização Brasileira, 1979 (esgotado). Reeditado sob o título de *O Aquário Negro*, Rio de Janeiro: Difel, 1986. Há uma edição do Círculo do Livro, 1990. Em 2009, foi lançada nova edição revista e ampliada pela Editora Agir, Rio de Janeiro.

8 — *Puebla para o povo*. Petrópolis: Vozes, 1979 (4. ed., 1981) — esgotada.

9 — *Nicarágua livre, o primeiro passo*. Rio de Janeiro: Civilização Brasileira, 1980. Dez mil exemplares editados em Jornalivro. São Bernardo do Campo: ABCD Sociedade Cultural, 1981 — esgotada.

10 — *O que é Comunidade Eclesial de Base*. 5. ed. São Paulo: Brasiliense, 1985. Coedição com a Editora Abril, São Paulo, 1985, para bancas de revistas e jornais — esgotada.

11 — *O fermento na massa*. Petrópolis: Vozes, 1981 — esgotada.

12 — *CEBs, rumo à nova sociedade*. 2. ed. São Paulo: Paulinas, 1983 — esgotada.

13 — *Fogãozinho, culinária em histórias infantis* (com receitas de Maria Stella Libanio Christo). Rio de Janeiro: Nova Fronteira, 1984 (3. ed., 1985). Nova edição da Mercuryo Jovem, São Paulo, 2002. (7. ed.)

14 — *Fidel e a religião, conversas com Frei Betto*. São Paulo: Brasiliense, 1985 (23. ed., 1987). São Paulo: Círculo do Livro, 1989 — esgotada.

15 — *Batismo de sangue, Os dominicanos e a morte de Carlos Marighella*. Rio de Janeiro: Civilização Brasileira, 1982 (7. ed., 1985). Reeditado pela Bertrand do Brasil, Rio de Janeiro, 1987 (10. ed., 1991). São Paulo: Círculo do Livro, 1982. Em 2000 foi lançada a 11ª edição revista e ampliada, *Batismo de Sangue — A luta clandestina contra a ditadura militar — Dossiês Carlos Marighella & Frei Tito*, pela editora Casa Amarela, São Paulo. Em 2006, foi lançada a 14ª edição, revista e ampliada, pela Editora Rocco.

16 — *OSPB, Introdução à política brasileira*. São Paulo: Ática, 1985 (18. ed., 1993) — esgotada.

17 — *O dia de Angelo* (romance). São Paulo: Brasiliense, 1987 (3. ed., 1987). São Paulo: Círculo do Livro, 1990 — esgotada.

18 — *Cristianismo & marxismo*. 3. ed. Petrópolis: Vozes, 1988 — esgotada.

19 — *A proposta de Jesus* — Catecismo Popular, vol. I. São Paulo: Ática, 1989 (3. ed., 1991) — esgotada.

20 — *A comunidade de fé* — Catecismo Popular, vol. II. São Paulo: Ática, 1989 (3. ed., 1991) — esgotada.

21 — *Militantes do reino* — Catecismo Popular, vol. III. São Paulo: Ática, 1990 (3. ed., 1991) — esgotada.

22 — *Viver em comunhão de amor* — Catecismo Popular, vol. IV. São Paulo: Ática, 1990 (3. ed., 1991) — esgotada.

23 — *Catecismo popular* (versão condensada). São Paulo: Ática, 1992 (2. ed., 1994) — esgotada.

24 — *Lula: Biografia política de um operário*. São Paulo: Estação Liberdade, 1989 (8. ed., 1989). *Lula: Um Operário na Presidência*. São Paulo: Casa Amarela, 2003 — edição revisada e atualizada — esgotada.

25 — *A menina e o elefante* (infantojuvenil). São Paulo: FTD, 1990 (6. ed., 1992). Em 2003, foi lançada nova edição revista pela Editora Mercuryo Jovem, São Paulo (3. ed.).

26 — *Fome de pão e de beleza*. São Paulo: Siciliano, 1990 — esgotada.

27 — *Uala, o amor* (infantojuvenil). São Paulo: FTD, 1991 (12. ed., 2009).

28 — *Sinfonia universal, a cosmovisão de Teilhard de Chardin*. São Paulo: Ática, 1997 (5. ed. revista e ampliada). A 1ª ed. foi editada pelas Letras & Letras, São Paulo, 1992. (3. ed., 1999). Rio de Janeiro, Vozes, 2011.

29 — *Alucinado som de tuba* (romance). São Paulo: Ática, 1993 (20. ed., 2000).

30 — *Por que eleger Lula presidente da República* (Cartilha Popular). São Bernardo do Campo: FG, 1994 — esgotada.

31 — *O paraíso perdido: Nos bastidores do socialismo*. São Paulo: Geração, 1993 (2. ed., 1993) — esgotada. Nova edição revista. Editora Rocco (no prelo).

32 — *Cotidiano & Mistério*. São Paulo: Olho d'Água, 1996. (2. ed., 2003) — esgotada.

33 — *A obra do Artista: Uma visão holística do universo*. São Paulo: Ática, 1995 (7. ed., 2008). Rio de Janeiro: José Olympio, 2011.

34 — *Comer como um frade: Divinas receitas para quem sabe por que temos um céu na boca*. Rio de Janeiro: Francisco Alves, 1996 (2. ed., 1997). Rio de Janeiro: José Olympio, 2003.

35 — *O vencedor* (romance). São Paulo: Ática, 1996 (15. ed., 2000).

36 — *Entre todos os homens* (romance). São Paulo: Ática, 1997 (8. ed., 2008). Na edição atualizada, ganhou o título *Um homem chamado Jesus*. Rio de Janeiro: Rocco, 2009.

37 — *Talita abre a porta dos evangelhos*. São Paulo: Moderna, 1998.

38 — *A noite em que Jesus nasceu*. Petrópolis: Vozes, 1998 — esgotada.

39 — *Hotel Brasil* (romance policial). São Paulo: Ática, 1999 (2. ed., 1999). Rio de Janeiro, Editora Rocco, 2010.

40 — *A mula de Balaão*. São Paulo: Salesiana, 2001.

41 — *Os dois irmãos*. São Paulo: Salesiana, 2001.

42 — *A mulher samaritana*. São Paulo: Salesiana, 2001.

43 — *Alfabetto: Autobiografia escolar*. 4. ed. São Paulo: Ática, 2002.

44 — *Gosto de uva: Textos selecionados*. Rio de Janeiro: Garamond, 2003.

45 — *Típicos tipos: Coletânea de perfis literários*. São Paulo: A Girafa, 2004.

46 — *Saborosa viagem pelo Brasil: Limonada e sua turma em histórias e receitas a bordo do Fogãozinho.* Com receitas de Maria Stella Libanio Christo. São Paulo: Mercuryo Jovem, 2004.

47 — *Treze contos diabólicos e um angélico.* São Paulo: Editora Planeta do Brasil, 2005.

48 — *A mosca azul: Reflexão sobre o poder.* Rio de Janeiro: Editora Rocco, 2006.

49 — *Calendário do poder.* Rio de Janeiro: Editora Rocco, 2007.

50 — *A arte de semear estrelas.* Rio de Janeiro: Editora Rocco, 2007.

51 — *Diário de Fernando: Nos cárceres da ditadura militar brasileira.* Rio de Janeiro: Editora Rocco, 2009.

52 — *Maricota e o mundo das letras.* São Paulo: Editora Mercuryo Novo Tempo, 2009.

53 — *Minas do ouro.* Rio de Janeiro: Editora Rocco, 2010.

54 — *Começo, meio e fim.* Rio de Janeiro: Editora Rocco, 2014.

55 — *Aldeia do silêncio.* Rio de Janeiro: Editora Rocco, 2013.

56 — *O que a vida me ensinou.* São Paulo: Editora Saraiva, 2013.

57 — *Fome de Deus: Fé e espiritualidade no mundo atual.* São Paulo: Editora Paralela, 2013.

58 — *A arte de reinventar a vida.* Petrópolis: Editora Vozes, 2014.

59 — *Oito vias para ser feliz.* São Paulo: Editora Planeta, 2014.

EM COAUTORIA

1 — *Ensaios de Complexidade.* Com Edgar Morin, Leonardo Boff e outros. Porto Alegre: Sulina, 1977.

2 — *O povo e o papa. Balanço crítico da visita de João Paulo II ao Brasil.* Com Leonardo Boff e outros. Rio de Janeiro: Civilização Brasileira, 1980.

3 — *Desemprego: causas e consequências.* Com dom Cláudio Hummes, Paulo Singer e Luiz Inácio Lula da Silva. São Paulo: Edições Paulinas, 1984.

4 — *Comunicación popular y alternativa.* Com Regina Festa e outros. Buenos Aires: Paulinas, 1986.

5 — *Sinal de contradição.* Em parceria com Afonso Borges Filho. Rio de Janeiro: Espaço e Tempo, 1988 — esgotada.

6 — *Essa escola chamada vida.* Em parceria com Paulo Freire e Ricardo Kotscho. São Paulo: Ática, 1988 (18. ed., 2003).

7 — *Teresa de Jesus: filha da Igreja, filha do Carmelo.* Com Frei Cláudio van Belen, Frei Paulo Gollarte, Frei Patrício Sciadini e outros. São Paulo: Instituto de Espiritualidade Tito Brandsma, 1989 — esgotada.

8 — *O plebiscito de 1993: Monarquia ou república? Parlamentarismo ou presidencialismo?* Em parceria com Paulo Vannuchi. Rio de Janeiro: ISER, 1993.

9 — *Mística e espiritualidade.* Em parceria com Leonardo Boff. Rio de Janeiro: Rocco, 1994 (4. ed., 1999). Rio de Janeiro, Garamond (6. ed., revista e ampliada, 2005). Rio de Janeiro: Vozes, 2009.

10 — *Mística y Espiritualidad.* Com Leonardo Boff. Buenos Aires: CEDEPO, 1995. Itália: Citadella Editrice, 1995.

11 — *Palabras desde Brasil.* Com Paulo Freire e Carlos Rodrigues Brandão. La Habana: Caminos, 1996.

12 — *A reforma agrária e a luta do MST* (com vários autores). Petrópolis: Vozes, 1997.

13 — *O desafio ético.* 4. ed. Com Eugenio Bucci, Luís Fernando Verissimo, Jurandir Freire Costa e outros. Rio de Janeiro/Brasília: Garamond/Codeplan, 1997.

14 — *Carlos Marighella: O homem por trás do mito.* Coletânea de artigos organizada por Cristiane Nova e Jorge Nóvoa. São Paulo: UNESP, 1999.

15 — *Hablar de Cuba, hablar del Che.* Com Leonardo Boff. La Habana: Caminos, 1999.

16 — *7 Pecados do Capital.* Coletânea de artigos, organizada por Emir Sader. Rio de Janeiro: Record, 1999.

17 — *Nossa paixão era inventar um novo tempo* — 34 depoimentos de personalidades sobre a resistência à ditadura militar. (Organização de Daniel Souza e Gilmar Chaves). Rio de Janeiro: Rosa dos Tempos, 1999.

18 — *Valores de uma Prática Militante.* Em parceria com Leonardo Boff e Ademar Bogo. São Paulo: Consulta Popular, Cartilha nº 09, 2000.

19 — *Brasil 500 Anos: trajetórias, identidades e destinos.* Vitória da Conquista: UESB (Série Aulas Magnas), 2000.

20 — *Quem está escrevendo o futuro?: 25 textos para o século XXI.* Coletânea de artigos, organizada por Washington Araújo. Brasília: Letraviva, 2000.

21 — *Contraversões: Civilização ou barbárie na virada do século.* Em parceria com Emir Sader. São Paulo: Boitempo, 2000.

22 — *O indivíduo no socialismo.* Em parceria com Leandro Konder. São Paulo: Fundação Perseu Abramo, 2000.

23 — *O Decálogo* (contos). Em parceria com Carlos Nejar, Moacyr Scliar, Ivan Angelo, Luiz Vilela, José Roberto Torero e outros. São Paulo: Nova Alexandria, 2000.

24 — *As tarefas revolucionárias da juventude*. Reunindo também textos de Fidel Castro e Lênin. São Paulo: Expressão Popular, 2000.

25 — *Diálogos criativos*. Em parceria com Domenico de Masi e José Ernesto Bologna. São Paulo: DeLeitura, 2002.

26 — *Democracia e construção do público no pensamento educacional brasileiro*. Organizadores Osmar Fávero e Giovanni Semeraro. Petrópolis: Vozes, 2002.

27 — *Por que nós, brasileiros, dizemos Não à Guerra*. Em parceria com Ana Maria Machado, Joel Birman, Ricardo Setti e outros. São Paulo: Editora Planeta do Brasil, 2003.

28 — *A paz como caminho*. Em parceria com José Hermógenes de Andrade, Pierre Weil, Jean-Yves Leloup, Leonardo Boff, Cristovam Buarque e outros. Coletânea de textos, organizados por Dulce Magalhães, apresentados no Festival Mundial da Paz. Rio de Janeiro: Editora Quality Mark, 2006.

29 — *Lições de Gramática para quem gosta de literatura*. Com Moacyr Scliar, Luís Fernando Verissimo, Paulo Leminsky, Rachel de Queiroz, Ignácio de Loyola Brandão e outros. São Paulo: Panda Books, 2007.

30 — *Sobre a esperança: Diálogo*. Com Mario Sérgio Cortella. São Paulo: Papirus, 2007.

31 — *40 olhares sobre os 40 anos da Pedagogia do oprimido*. Com Mário Sérgio Cortella, Sérgio Haddad, Leonardo Boff, Rubem Alves e outros. São Paulo: Editora e Livraria Instituto Paulo Freire, 2008-10-30.

32 — *Dom Cappio: rio e povo*. Com Aziz Ab'Sáber, José Comblin, Leonardo Boff e outros. São Paulo: Centro de Estudos Bíblicos, 2008.

33 — *O amor fecunda o Universo: Ecologia e espiritualidade*. Com Marcelo Barros, Rio de Janeiro: Agir, 2009.

34 — *Oparapitinga Rio São Francisco*. Fotos de José Caldas. Com Walter Firmo, Fernando Gabeira, Murilo Carvalho e outros. Rio de Janeiro: Casa da Palavra, 2002.

35 — *Conversa sobre a fé e a ciência*. Com Marcelo Gleiser. Rio de Janeiro: Editora Agir, 2011.

36 — *Bartolomeu Campos de Queirós: Uma inquietude encantadora*. Com Ana Maria Machado, João Paulo Cunha, José Castello, Marina Colassanti, Carlos Herculano Lopes e outros. São Paulo: Editora Moderna, 2012.

37 — *Belo Horizonte: 24 autores.* Com Affonso Romano de Sant'Anna, Fernando Brant, Jussara de Queiroz e outros. Belo Horizonte: Mazza Edições Ltda, 2012.

38 — *Dom Angélico Sândalo Bernardino — Bispo profeta dos pobres e da justiça.* Com Dom Paulo Evaristo Arns, Dom Pedro Casaldáliga, Dom Demétrio Valentini, Frei Gilberto Gorgulho, Ana Flora Andersen e outros. São Paulo: ACDEM, 2012.

39 — *Depois do silêncio: Escritos sobre Bartolomeu campos de Queirós.* Com Chico Alencar, José Castello, João Paulo Cunha e outros. Belo Horizonte: RHJ Livros Ltda., 2013.

40 — *Brasilianische Kurzgeschichten.* Com Lygia Fagundes Telles, Rodolfo Konder, Deonísio da Silva e outros. Alemanha: Arara-Verlag, 2013.

EDIÇÕES ESTRANGEIRAS

1 — *Dai Soterranei della Storia.* 2. ed. Milão: Arnoldo Mondadori, 1973 — esgotada.

2 — *Novena di San Domenico.* Brescia: Queriniana, 1974.

3 — *L'Eglise des Prisons.* Paris: Desclée de Brouwer, 1972.

4 — *La Iglesia Encarcelada.* Buenos Aires: Rafael Cedeño editor, 1973 — esgotada.

5 — *Brasilianische Passion.* Munique: Kösel Verlag, 1973.

6 — *Fangelsernas Kyrka.* Estocolmo: Gummessons, 1974.

7 — *Geboeid Kijk ik om mij heen.* Bélgica-Holanda: Gooi en sticht bvhilversum, 1974.

8 — *Creo desde la carcel.* Bilbao: Desclée de Brouwer, 1976.

9 — *Against Principalities and Powers.* Nova York: Orbis Books, 1977 — esgotado.

10 — *17 Días en Puebla.* México: CRI, 1979.

11 — *Diario di Puebla.* Brescia: Queriniana, 1979.

12 — *Lettres de Prison.* Paris: du Cerf, 1980.

13 — *Lettere dalla Prigione.* Bolonha: Dehoniane, 1980.

14 — *La Preghiera nell'Azione.* Bolonha: Dehoniane, 1980.

15 — *Que es la Teología de la Liberación?* Lima: Celadec, 1980.

16 — *Puebla para el Pueblo.* México: Contraste, 1980.

17 — *Battesimo di Sangue.* Bolonha: Asal, 1983. Nova edição revista e ampliada publicada pela Sperling & Kupfer, Milão, 2000.

18 — *Les Freres de Tito.* Paris: du Cerf, 1984.

19 — *El Acuario negro.* La Habana: Casa de las Americas, 1986.

20 — *La Pasión de Tito*. Caracas: Ed. Dominicos, 1987.

21 — *El Día de Angelo*. Buenos Aires: Dialectica, 1987.

22 — *Il Giorno di Angelo*. Bolonha: E.M.I., 1989.

23 — *Los 10 mandamientos de la relacion Fe y Politica*. Cuenca: Cecca, 1989.

24 — *Diez mandamientos de la relación Fe y Política*. Panamá: Ceaspa, 1989.

25 — *De Espaldas a la Muerte*, Dialogos con Frei Betto. Guadalajara: Imdec, 1989.

26 — *Fidel y la Religion*. La Habana: Oficina de Publicaciones del Consejo de Estado, 1985. Até 1995, editado nos seguintes países: México, República Dominicana, Equador, Bolívia, Chile, Colômbia, Argentina, Portugal, Espanha, França, Holanda, Suíça (em alemão), Itália, Tchecoslováquia (em tcheco e inglês), Hungria, República Democrática da Alemanha, Iugoslávia, Polônia, Grécia, Filipinas, Índia (em dois idiomas), Sri Lanka, Vietnã, Egito, Estados Unidos, Austrália e Rússia. Há uma edição cubana em inglês. Austrália: Ocean Press, 2005.

27 — *Lula — Biografía Política de un Obrero*. Cidade do México: MCCLP, 1990.

28 — *A proposta de Jesus*, Gwangju. Korea: Work and Play Press, 1991.

29 — *Comunidade de Fé*, Gwangju. Korea: Work and Play Press, 1991.

30 — *Militantes do Reino*, Gwangju. Korea: Work and Play Press, 1991.

31 — *Viver em comunhão de amor*. Gwangju: Korea, Work and Play Press, 1991.

32 — *Het waanzinnige geluid van de tuba*. Baarn: Fontein, 1993.

33 — *Allucinante suono di tuba*. Celleno: La Piccola Editrice, 1993.

34 — *Uala Maitasuna*. Tafalla: Txalaparta, 1993.

35 — *Día de Angelo*. Tafalla: Txalaparta, 1993.

36 — *La musica nel cuore di un bambino* (romance). Milano: Sperling & Kupfer, 1998.

37 — *La Obra del Artista: Una visión holística del Universo*. La Habana: Caminos, 1998. Nova edição foi lançada em 2010 pela Editorial Nuevo Milênio.

38 — *La Obra del Artista: Una visión holística del Universo*. Córdoba: Argentina, Barbarroja, 1998.

39 — *La Obra del Artista: Una visión holística del Universo*. Madri: Trotta, 1999.

40 — *Un hombre llamado Jesus* (romance). La Habana: Caminos, 1998.

41 — *Uomo fra gli uomini* (romance). Milano: Sperling & Kupfer, 1998.

42 — *Gli dei non hanno salvato l'America — Le sfide del nuovo pensiero político latinoamericano*. Milano: Sperling & Kupfer, 2003.

43 — *Gosto de uva*. Milano: Sperling & Kupfer, 2003.

44 — *Hotel Brasil*. França: Éditions de l'Aube, 2004.

45 — *Non c'e progresso senza felicità*. Em parceria com Domenico de Masi e José Ernesto Bologna. Milano: Rizzoli-RCS Libri, 2004.

46 — *Sabores y Saberes de la Vida: Escritos Escogidos*. Madri: PPC Editorial, 2004.

47 — *Dialogo su pedagogia, ética e partecipazione política*. Em parceria com Luigi Ciotti. Torino: EGA — Edizioni Gruppo Abele, 2004.

48 — *Ten Eternal Questions: Wisdom, insight and reflection for life's journey*. Em parceria com Nelson Mandela, Bono, Dalai Lama, Gore Vidal, Jack Nicholson e outros. Organizado por Zoë Sallis. Londres: Editora Duncan Baird Publishers, 2005. Edição portuguesa pela Platano Editora, 2005.

49 — *50 cartas a Dios*. Em parceria com Pedro Casaldaliga, Federico Mayor Zaragoza e outros. Madri: PPC, 2005.

50 — *Hotel Brasil*. Itália: Cavallo di Ferro Editore, 2006.

51 — *El Fogoncito*. Cuba: Editorial Gente Nueva, 2007.

52 — *The Brazilian Short Story in the Late Twentieth Century — A Selection from Nineteen Authors*. Canadá: The Edwin Mellen Press, 2009.

53 — *Un hombre llamado Jesus* (romance). La Habana: Editorial Caminos, 2009.

54 — *La obra del artista: Una visión holística del Universo*. La Habana: Editorial de Ciencias Sociales, 2009.

55 — *Increíble sonido de tuba*. Espanha: Ediciones SM, 2010.

56 — *Reflexiones y vivencias en torno a la educación* — y otros autores. Espanha: Ediciones SM, 2010.

57 — *El ganador*. Espanha: Ediciones SM, 2010.

58 — *La mosca azul* — Reflexiones sobre el poder. Austrália: Ocean Press, 2005. La Habana: Editorial Ciências Sociales, 2013.

59 — *Quell'uomo chiamato Gesù*. Bolonha: Editrice Missionária Italiana — EMI, 2011.

60 — *Maricota y el mundo de las letras*. La Habana: Editorial Gente Nueva, 2012.

61 — *El amor fecunda el universo: Ecología y espiritualidad*. Com Marcelo Barros. Espanha: PPC Editorial y Distribuidora, 2012. La Habana: Editorial Ciências Sociales, 2012.

62 — *La mosca azul — reflexión sobre el poder*. La Habana: Editorial Nuevo Milenio, 2013.

63 — *El comienzo, la mitad y el fin*. La Habana: Editorial Gente Nueva, 2013.

64 — *Un sabroso viaje por Brasil: Limonada y su grupo en cuentos y recetas a bordo del Fogoncito*. La Habana: Editorial Gente Nueva, 2013.

TIPOGRAFIA Adriane por Marconi Lima
DIAGRAMAÇÃO Verba Editorial
PAPEL Pólen Soft
IMPRESSÃO Gráfica Bartira, julho de 2015

A marca FSC® é a garantia de que a madeira utilizada na fabricação do papel deste livro provém de florestas que foram gerenciadas de maneira ambientalmente correta, socialmente justa e economicamente viável, além de outras fontes de origem controlada.